MENTE LIMPA

Rossano Sobrinho

MENTE LIMPA

Práticas mentais, espirituais e de autoconhecimento para curar seu interior

Academia

Preparação: Fernanda Guerriero
Revisão: Francine Porfírio e Karina Santos
Diagramação: Abreu's System
Capa: Luiz Sanches Junior
Imagens de capa: small smiles/Shutterstock

Dados Internacionais de Catalogação na Publicação (CIP)
Angélica Ilacqua CRB-8/7057

Ferreira, Rossano Sobrinho
Mente limpa: práticas mentais, espirituais e de autoconhecimento para curar seu interior / Rossano Sobrinho. – São Paulo: Planeta, 2019.
192 p.

ISBN: 978-85-422-1662-2

1. Espiritualidade 2. Autoconhecimento 3. Autodomínio 4. Ansiedade 5. Meditação 6. Cura pela mente I. Título

19-1002 CDD 158.1

2019
Todos os direitos desta edição reservados à
EDITORA PLANETA DO BRASIL LTDA.
Rua Bela Cintra, 986 – 4º andar
Consolação – 01415-002 – São Paulo-SP
www.planetadelivros.com.br
faleconosco@editoraplaneta.com.br

Dedico este livro a um dos anjos que tenho em minha vida: Dona Avelina! Minha mãe, amiga, companheira, parceira no ideal do Bem! Com ela aprendi delicadeza, ternura, carinho, simpatia, dedicação, amor incondicional, valores nobres, infinitos saberes e sabores da alma! Obrigado, mãe, por tudo!!! E saiba que em tudo que escrevo também há muito do seu iluminado coração!

AGRADECIMENTOS

A Deus, a Jesus e à Espiritualidade Amiga pela vida e pela oportunidade do serviço no Bem.

Aos meus pais, Antônio e Avelina, pelas bênçãos do amor e da simplicidade.

À minha esposa, Cyntia, pelo carinho, pela partilha e pelo amor essencial que me alimenta a vida!

Aos meus filhos, Ângelis e Pedro, pela alegria e luz que são em meu caminho.

Ao meu irmão, Rossélio Sobrinho, pelo companheirismo e pela parceria de sempre nos projetos da Luz.

À Milaime Moreira pela dedicação e pelo carinho nas atividades do Instituto Terapêutico e Educacional Rossano Sobrinho (ITERS).

Ao querido irmão do Caminho, Dr. Gelson Luís Roberto, pelas partilhas enriquecedoras e por me honrar com um prefácio singular.

Aos amigos e irmãos do Grupo do Evangelho e do Grupo Fraterno de Espiritualidade (GFE – Chico Xavier) pelo companheirismo no ideal superior.

Aos queridos irmãos da Sociedade Espírita Paz, Amor e Caridade, de Espera Feliz (MG), pela oportunidade do trabalho com Jesus!

“A mente é um instrumento soberbo se a usamos corretamente. Se a usamos de forma incorreta, entretanto, se torna muito destrutiva. Para ser mais preciso, não se trata tanto de que você use sua mente de modo incorreto – em geral, você não a usa para nada. Ela é que usa você. Essa é a enfermidade. Você acredita que você é a sua mente. Esse é o delírio. O instrumento se apropriou de você.”

Eckhart Tolle

(Do livro *Praticando o poder do agora*, 2001)

SUMÁRIO

PREFÁCIO

ALQUIMIA DA ALMA

No cenário mundial da atualidade, jogados por um sem-número de opositores e situações difíceis, somos defrontados com perigosos e delicados momentos. De um lado, sintomas de uma sociedade centrada no fazer, no desempenho e no excesso; de outro, sistemas emergentes nos trazem novas possiblidades de pensar e viver a realidade. É com base nesse palco contemporâneo que Rossano Sobrinho nos brinda com mais um belíssimo trabalho.

Quando Jung afirmou que os deuses viraram doenças em nós porque foram embora, também a alma – quando negligenciada – não apenas se vai, mas provoca perda de significado, vazios, literalidade, violências e obsessões, entre outras sequelas. E uma das questões centrais deste livro é justamente um sintoma que, de tão presente em nossa vida, parece algo natural e determinante do ser humano: a intoxicação da mente. Uma mente de excesso, ruidosa, numa circularidade vazia e improdutiva; cheia de movimento, mas vazia de alma.

Quando Ficino afirma que a mente tende a ficar entretida consigo mesma, parece que ela não depende da vida material. No entanto, esse entretenimento acaba sendo absorvido inteiramente pela vida material, com suas preocupações e necessidades, gerando em nossa mente um fascínio ansioso e ao mesmo tempo entorpecedor: ansioso nos estímulos e na aceleração; entorpecedor por confundir e perder o significado essencial da vida. Rossano chama esse estado de *hipercinesia mental.*

De maneira didática e afetiva, Rossano vai nos conduzindo por caminhos e etapas com a finalidade de compreender e encontrar um outro lugar para a alma e para a mente. Conceitos, reflexões e entendimentos do aparelho psíquico, de seus sintomas, defesas e formas de comportamento vão sendo descritos para se chegar ao Grande Encontro pelo caminho do silêncio. Thomas Moore já assegurava que a psicologia não pode ser separada da espiritualidade. Estas páginas, portanto, convidam o leitor ao retorno a uma psicologia com alma, que o remete à interioridade, ao contato com seu verdadeiro "si mesmo", no qual pressente algo do esplendor original de seu ser. É a espiritualidade que nos transmite o sentimento de estar ligado a algo maior.

Diz-se que os golfinhos podem fazer contato entre si na água a milhares de quilômetros de distância, mas perdem essa capacidade assim que sobem à superfície. Também nós precisamos estar conectados com nosso centro interior, buscando a profundidade do nosso ser; para isso, é necessário transpor os enganos do ego, tão bem descritos por Rossano, em sua manifestação mental. Jung refere em *Psicologia e alquimia*: "Assim como o olho corresponde ao sol, a alma corresponde a Deus" (2012). A ideia de alma está fundada no desejo de êxtase, de crescer para além de si mesmo, no desejo de imortalidade e na experiência de que há ainda, além do intelecto, outros modos de conhecer e ver. A alma ultrapassa totalmente este mundo e este tempo, mas é exatamente isso que nos capacita a ficar aqui com os dois pés no chão, a trabalhar na formação deste mundo e elevar-nos ao mesmo tempo com as asas da alma acima do imediatamente disponível e, assim, poder lançar outro olhar sobre a realidade de nossa vida. Libertar a alma da matéria é uma das tarefas que devemos assumir do ponto de vista paradigmático.

A realidade humana é primariamente psíquica, isto é, nossas imagens não são derivadas de impressões sensoriais, mas da realidade que a psique experimenta como uma imagem, já que toda realidade psíquica consiste em imagens. Buscando uma ciência do espírito que se estenda por todas as questões que estão além dos parâmetros racionalistas de causas e efeitos e de seus porquês, Rossano nos ajuda a compreender o que a alma quer. Como ela se manifesta? Quais são seus meios de expressão? O que a deixa feliz? Quais são suas qualidades? O que faz e o que está fazendo aí? O que busca? São lampejos éticos e estéticos, um mundo objetivo orientado de um modo teleológico que encontra na multiplicidade a possibilidade de uma *unio mentalis*. Um mundo de vibrações e sombreamentos, sutilezas a favorecer a profundidade de significado, um nível mais profundo da existência, no qual nosso poder conectivo nos define. Vivemos numa sociedade em que os sintomas se apresentam nos modos de ser.

De acordo com os capítulos a seguir, nossa consciência está produzindo e se movimentando em um estado permanente de ansiedade e estresse. Perdemos a conexão com a alma e com o significado essencial da existência, e a vida passa a ser só consumo ou nostalgia diante do vazio. Nas palavras de Jung:

> A vida natural é o solo em que se nutre a alma. Quem não consegue acompanhar essa vida permanece enrijecido e parado em pleno ar. É por isso que muitas pessoas se petrificam na idade madura, olham para trás e se agarram ao passado, com medo secreto da morte no coração. Subtraem-se ao processo vital, pelo menos psicologicamente, e, por isso, ficam paradas como colunas nostálgicas, com recordações muito vívidas do seu tempo de juventude, mas sem nenhuma relação com o presente. Do meio da vida em diante, só aquele que se dispõe a morrer conserva a vitalidade, porque, na hora secreta do meio-dia da Vida, inverte-se a parábola e nasce a morte. (JUNG, 2002)

Precisamos manter um contato com o mistério vivo e assegurar o caminho para um mundo melhor. E este livro nos auxilia nessa jornada. Silenciar, apaziguando o nosso interior por meio de uma mente harmonizada para depois transcender essa realidade em favor de uma civilização renovada. Uma sociedade baseada em um compromisso solidário e integrada a um Todo Maior. Estamos avançando para uma mente-mundo e uma nova capacidade humana que Roy Ascott chama de *ciberpercepção*, fruto da ampliação tecnológica e do enriquecimento dos poderes de cognição e percepção. Também refere características emergentes de nosso tempo, como a telepresença (a ideia que prevemos mais e mais longe), o conhecimento distribuído, a criatividade colaborativa, trazendo uma revitalização do nosso estado de ser e renovações das condições e construções do que chamamos de realidade. Tempos nos quais já percebemos a existência de uma consciência global, de uma nova interação que mede a realidade pela capacidade de conexão. Mentes interligadas! Já éramos responsáveis, mas agora temos consciência de que essa implicação vai muito além do nosso quintal. Tudo que acontece no Universo nos afeta e toda vez que geramos consciência, ele se modifica por inteiro. Jung, numa paráfrase da afirmação de Santo Inácio de Loyola, declara:

> A consciência do homem foi criada com a finalidade de reconhecer que sua existência provém de uma

> unidade superior, dedicar a esta fonte a devida e cuidadosa consideração; executar as ordens emanadas desta fonte, de forma inteligente e responsável, proporcionando deste modo um grau ótimo de vida e de possibilidade de desenvolvimento à psique em sua totalidade. (JUNG, 2002)

A proposta desta obra é nos ajudar a sermos felizes. Uma felicidade consistente, a partir da libertação das ilusões e armadilhas criadas pela mente. Rossano nos guia para que incorporemos a invisibilidade dentro de todas as percepções, enxergando o habitual como um mistério, transformando simples fatos em experiência, oferecendo atitudes positivas e renovadas que brindam esse novo amanhecer que desponta para uma nova era. Não é o tempo que importa, e sim a intenção. Nossa alma, então, enche-se de novos significados. E, de onde parecia nada mais haver, uma pérola surge escondida em um pequeno vão.

Gelson Luís Roberto[1]

---

1. Gelson Luís é psicólogo, presidente da Associação Junguiana do Brasil, membro da International Association for Analytical Psychology, membro fundador do Instituto Junguiano do Rio Grande do Sul e diretor do Departamento de Saúde Mental da Associação Médico-Espírita do Rio Grande do Sul (AMERGS). É autor do livro *Aquém e além do tempo* (Editora Fergs, 2014).

INTRODUÇÃO

HIPERCINESIA MENTAL

Você tem dificuldade em acalmar seus pensamentos? É dominado por suas emoções? Está sempre buscando novos estímulos para se sentir bem? Precisa cada vez mais de informações para se satisfazer? Não consegue relaxar facilmente? Tem um elevado nível de ansiedade? A insatisfação, quase sempre, toma conta do seu ser?

Se sua resposta for sim, não se assuste, pois 80% da humanidade terrena sente-se como você. Mas isso é normal? É uma doença? Trata-se de um transtorno ou é apenas o estado mental e emocional que caracteriza o nosso atual estágio evolutivo?

Essa condição mental não pode ser definida como "doença"; mais coerente seria classificá-la como uma síndrome – do grego *syndromé* = reunião –, termo bastante usado em medicina e psicologia para caracterizar o conjunto de sinais e sintomas que definem uma determinada condição. A medicina indica que uma síndrome não deve ser classificada como doença porque os fatores que causam os sinais ou sintomas nem sempre são facilmente identificados, o que acontece naturalmente no caso de uma doença.

O fato é que grande parte da humanidade se encontra nesse estado emocional de extrema inquietude e agitação interior. A psicosfera do nosso planeta é um verdadeiro turbilhão de pensamentos e emoções desgovernados; não é por acaso que os espíritos nobres chamam a Terra de "planeta das faixas escuras".

Uma das principais causas desse fenômeno psicológico coletivo, denominado *aceleração mental* ou *mente hipercinética*, é o excesso de informações e cobranças a que todos estamos expostos na atualidade e que satura o córtex cerebral, produzindo uma mente agitada, impaciente e insatisfeita, com baixíssimo nível de tolerância. É uma condição deplorável da modernidade...

A hipercinesia mental, ou movimento excessivo (*hiper* = excessivo + *cinesia* = movimento), é esse estado ansioso quase aflitivo em que a mente não consegue "desligar". O tempo todo o indivíduo está mentalmente analisando, questionando, criticando, julgando, planejando, tentando controlar a vida que o cerca, visitando o passado ou o futuro (moradas da mente), perdendo parcial ou totalmente a conexão com o momento presente. E é justamente no agora que está a essência da vida. O agora é a morada de Deus, por isso na cultura espiritualista antiga o Pai se apresenta como o "Eu SOU" ou "Eu sou aquele que É".

A psicologia moderna classifica esse quadro de inquietude extrema como um transtorno de ansiedade. Os transtornos hipercinéticos são caracterizados por início precoce (durante os primeiros cinco anos de vida), falta de perseverança nas atividades que exigem envolvimento cognitivo, tendência a ir de uma tarefa a outra sem concluir nenhuma, associados a uma atividade global desorganizada e excessiva.

O psiquiatra brasileiro Augusto Cury (2015), dilatando a abordagem, denominou essa condição de aceleração mental e ansiedade vivida pela maior parte da humanidade de "síndrome do pensamento acelerado" (SPA).

Eckhart Tolle (2000), sábio alemão radicado no Canadá, visitando os ensinamentos fundamentais do hinduísmo, afirmou o seguinte:

> o estado mental "normal" de quase todos os seres humanos contém um forte elemento do que podemos chamar de distúrbio, ou disfunção, e até mesmo de loucura. [...] esse desajuste é uma forma de doença mental coletiva.

A verdade é que estudiosos da psicologia, da filosofia e até das religiões já identificaram esse desajuste que, na atualidade, tem se acentuado absurdamente. O que se percebe é que a mente da coletividade humana está saturada de informações, atividades e estímulos audiovisuais, que amplificam os tantos transtornos emocionais observados pela psicologia: desde as fobias até a depressão e o pânico. Alguns profissionais são afetados mais diretamente por esse estado de hipercinesia mental, principalmente professores, profissionais de saúde, executivos, jornalistas e publicitários.

Uma mente hipercinética apresenta sintomas como ansiedade, insatisfação, sofrimento por antecipação, irritabilidade, humor flutuante, impaciência, baixa resistência a frustrações, déficit de concentração e de memória, redução da criatividade, transtorno do sono ou insônia, dor de cabeça frequente, dor muscular, queda de cabelo e taquicardia, hipertensão arterial, cansaço mental e físico (o indivíduo acorda cansado). O esgotamento mental da pessoa que não consegue desacelerar os pensamentos se converte em cansaço físico, porque o córtex cerebral – a camada mais evoluída do cérebro – "rouba" a energia que deveria ser utilizada em músculos e outros órgãos.

Um componente que colabora muito para o desenvolvimento da mente hipercinética é o uso excessivo de determinadas tecnologias, entre as quais podemos citar a televisão, o computador, aplicativos de celular (WhatsApp e Facebook, por exemplo) e jogos eletrônicos em geral. Há indivíduos que passam boa parte do dia consultando redes sociais, lendo textos e mais textos sobre os mais variados assuntos ou jogando horas e horas em seus computadores. Tudo isso eleva absurdamente o ritmo mental, produzindo a hipercinesia mental.

Nesta obra, proponho um mergulho no psiquismo humano por intermédio do autoconhecimento, estudando diversas abordagens psicológicas e espíritas a fim de desvendar os tantos mistérios da mente e da consciência, ressignificando hábitos e práticas. Compreender o que se passa dentro de nós é a principal forma de libertação!

A busca por uma mente limpa – *a pacificação e a cura interior* – através do autodescobrimento se apresenta como a chave para a superação dos diversos desalinhos da emoção. Para isso, visitaremos as teorias e o pensamento de Freud, Jung, Maslow, Tolle e outros estudiosos da mente, sempre à luz da espiritualidade.

Você é meu convidado nesta viagem para dentro da alma humana, a fim de transitarmos da inquietude da mente para a plenitude do ser.

Que o Senhor da Vida nos abençoe!

O autor.

CAPÍTULO 1

NOS ESCANINHOS DA ALMA

No processo de autodescobrimento, de sondagem e conhecimento da realidade profunda da criatura humana, é possível unir conceitos e ferramentas da ciência e da religião?

Perfeitamente. E da filosofia também. Na verdade, ao longo dos próximos passos da evolução antropológica na Terra, cada vez mais perceberemos que essas "diferentes" áreas do saber humano apenas se utilizam de linguagens distintas para conceituar os mesmos fenômenos ou elementos que compõem o ilimitado universo psíquico das criaturas humanas.

Que proposta religiosa, a seu ver, apresenta uma abordagem mais científica ou filosófica sobre a realidade profunda da alma humana?

Com todo respeito às diversas escolas religiosas comprometidas com a real libertação espiritual dos homens, identifico na Doutrina Espírita uma verdadeira

Universidade da Alma (da psique), estabelecida em bases racionais e científicas.

Mas o Espiritismo é uma mensagem de caráter mais religioso, filosófico, científico ou psicológico?

Depois de contatar as bases do Espiritismo, que restaura na Terra, em espírito e verdade, o Evangelho de Jesus, logo percebi que se tratava de uma mensagem superior de caráter profundamente moral e psicológico, sem deixar também de ser ciência e filosofia. O próprio Cristo, que os judeus esperavam como um grande libertador político, apresentou-se ao povo como o Divino Médico das Almas, libertando as criaturas principalmente de suas misérias morais e psíquicas.

Compreendi que não bastaria conhecer a geografia do mundo espiritual, os mecanismos da mediunidade, a lei da reencarnação, os processos obsessivos e energéticos, ou puramente decorar as máximas filosóficas e morais trazidas pelos Espíritos Nobres, muito menos apenas participar das atividades doutrinárias do nosso Movimento Espírita. Tudo isso é muito importante, mas pode se tornar sem sentido se não nos empenharmos dedicadamente ao processo do autoconhecimento.

Muito cedo me dei conta da necessidade de um Espiritismo por dentro, ou seja, a Doutrina oferece aos homens um verdadeiro arsenal de conhecimentos espirituais para que eles se autodescubram, se autodecifrem. *O Espiritismo não apenas codificou as diretrizes divinas, mas prosseguiu decodificando a alma humana...*

Sem adentrarmos em nosso mundo interior, nos escaninhos da alma, para dissolvermos as tantas amarras e máscaras do ego, não contataremos a Luz Divina imanente no âmago do nosso coração! A viagem para dentro de nós mesmos é a mais importante, que não podemos deixar de realizar, se não quisermos prosseguir pelos delicados caminhos da vida mental em desalinho, sedentos de paz e carentes de amor e felicidade.

Sempre vi em Allan Kardec o primeiro grande desbravador dos mistérios da psique... Antes de Freud e Jung.

Não foi por acaso que, pelas mãos abençoadas de Chico Xavier, o benfeitor espiritual Emmanuel teve oportunidade de esclarecer no livro *O consolador* (2016):

> Somente à luz do Espiritismo poderão os métodos psicológicos apreender que essa zona oculta, da esfera psíquica de cada um, é o reservatório profundo das experiências do passado, em existências múltiplas da criatura, arquivo maravilhoso onde todas as conquistas do pretérito são depositadas em energias potenciais, de modo a ressurgirem em momento oportuno.

Para mim, o Espiritismo é a psicologia das psicologias!

Somente quando o ser humano desbrava seu mundo íntimo e o harmoniza com as leis divinas consegue entrar em comunhão com Deus, o seu próximo e toda sua realidade exterior... Também por isso Jesus prescreveu: "Buscai primeiramente o reino de Deus e sua justiça e todas as demais coisas vos serão acrescentadas" (Mt 6,33), enfatizando que o reino de Deus está dentro de nós (ver Lc 17,20-21).

A viagem para dentro é longa, ainda somos desconhecidos por nós mesmos. Viajamos muito para fora, buscando coisas, posses, poderes ilusórios, e perdemos a conexão com a fonte: a consciência. Distantes da fonte sapiencial, temos abarrotado nossa casa mental de entulhos desnecessários, de apegos e dependências infelizes, em busca da tão sonhada felicidade, acelerando em excesso os processos psíquicos, o que tem custado nossa paz interior e nossa saúde emocional.

Esquecemo-nos da advertência de Jesus: "De que adianta ao homem ganhar o mundo e perder a sua alma?" (Mc 8,36). Temos perdido a alma e a paz, tentando matar a sede de plenitude nas águas salgadas e ilusórias do materialismo, do consumismo, do apego ao mundo transitório.

Já passou da hora de retornarmos aos braços amorosos do Pai, que prossegue nos aguardando na intimidade de nosso coração, no silêncio do nosso ser.

CAPÍTULO 2

REINTEGRAÇÃO (INTERIOR E CÓSMICA)

Por que os indivíduos da atualidade, apesar das tantas conquistas da ciência e da tecnologia, ainda se encontram tão infelizes na Terra?

Embora com a presença das filosofias e religiões, os indivíduos ainda prosseguem desligados, desconectados de Deus. Em um modelo ainda que imperfeito, compreendamos que o ser humano é composto de dois campos espirituais de energia sutil – a consciência e a mente.

Na consciência está registrada a Lei Divina – as diretrizes morais superiores –, conforme asseveraram os Guias Espirituais da Humanidade ao codificador do Espiritismo, o professor Allan Kardec. É o desabrochar dessa centelha divina que promoverá na criatura a vitória sobre as paixões dissolventes, os adoecimentos físicos e psíquicos, a salvação mencionada na Bíblia ou a iluminação sinalizada pela doutrina budista.

Somos a consciência – o Ser Essencial –, e temos a mente, uma ferramenta ou aparelho ultrassensível capaz de armazenar o Universo inteiro, desenvolvendo as potencialidades profundas do espírito imortal. Quando bem direcionada e em funcionamento harmônico, a mente é ferramenta útil no processo de florescimento da consciência; acelerada em demasia, obstaculiza o processo, conduzindo a transtornos e sofrimento.

Surgimos da Grande Consciência – Deus – como seres inconscientes – *espíritos* – e caminhamos ao longo da evolução pelos reinos da natureza no processo de autoconscientização ou individuação, tornando-nos *Espíritos*. Aos poucos, vamos existindo como individualidades conscientes, indivíduos cósmicos. Experienciamos o egocentrismo nesse processo como fenômeno natural, mas avançamos na direção da amorosidade, da fraternidade, da reintegração ao Todo Universal, porém conscientes agora de nós mesmos.

Essa reintegração com o Todo consiste na capacidade de sentir a essência divina para além da aparência transitória. É a sensibilidade de captar a *alma das coisas*; é a consciência de que todos SOMOS UM.

Fala-se de um novo tempo, um mundo mais feliz, quando a criatura humana viverá de forma mais harmônica e equilibrada no planeta Terra. Falta muito para o advento desse mundo?

Sempre esperamos as mudanças do mundo de fora para dentro, mas essa transformação deve ocorrer do íntimo das criaturas para fora. Jesus já sinalizara 2 mil anos antes que o reino de Deus não virá com aparências exteriores, porque está dentro de nós...

O reino de Deus é o reino da consciência!

Os espíritos superiores, desde a *Codificação Espírita*, têm anunciado o início da regeneração planetária. O mundo terrestre transita do ciclo de provas e expiações para um mundo de regeneração. Isso significa que as almas humanas, saturadas dos descaminhos, buscarão novos caminhos para a fraternidade e a plenitude.

Já chegamos ao limite do mal?

Ainda não. A humanidade está profundamente encarcerada pelo materialismo infeliz, pelo hedonismo destruidor, pelo consumismo e pelo sexismo... Não será com poucas dores que o ego ancestral será reintegrado à consciência profunda; no entanto, a dor é o fogo que, paulatinamente, consome o egoísmo humano.

Fala-se que a Terra, nesse novo ciclo regenerador, será reintegrada à comunidade dos mundos mais avançados, e que se iniciará um intercâmbio aberto com habitantes de comunidades mais evoluídas do Cosmo. É possível isso?

Perfeitamente possível. A *Pluralidade dos mundos habitados* é um dos cinco postulados da Doutrina Espírita. Nenhuma novidade, portanto, para os espíritas e alguns espiritualistas.

No entanto, é importante compreendermos, enfatizo, que nenhuma ajuda de fora realizará por nós o que nós mesmos devemos fazer. Já temos em mãos a presença do Evangelho de Jesus e da Doutrina Espírita que o restaura e amplia; o caminho, portanto, está posto, mas a caminhada é nossa. E acredito também que uma reintegração cósmica (convivência aberta com irmãos mais evoluídos de outros orbes) carece, antes, de uma reintegração interior mais ampla de nossa parte com o Pai Celestial que se encontra dentro de nós e, consequentemente, com nossos irmãos terrenos. "Amar a Deus e ao próximo como a nós mesmos" (Mt 22,39) é a lição de casa número um...

Essa reintegração interior tem a ver com a cura da alma e da mente, com a desaceleração psíquica, que deve estar na pauta de nossas reflexões diárias: o cultivo da meditação, da oração, das leituras edificantes, da contemplação das paisagens da natureza, da busca pelo autoconhecimento... Sem isso, não encontraremos o caminho de volta para a "casa do Pai".

Mas esse tema é fascinante! Um contato extraterrestre abalaria a humanidade em suas bases, e poderia dar início à construção de um novo paradigma existencial planetário.

Sim, é fascinante! Parece realmente que, de alguma forma, isso esteja sendo preparado para mais cedo ou mais tarde. A Terra um dia terá que deixar de ser um "planeta penitenciário". Sabemos que seres de outros mundos nos visitam e aqui reencarnam, mas estamos falando de uma convivência aberta de toda a nossa humanidade com outras comunidades planetárias. Assim como convivemos com irmãos de outros bairros, cidades e países, um dia conviveremos com irmãos de outras "moradas da casa do Pai", que nos visitarão tranquilamente, e nós também os visitaremos.

Estamos ainda tão dominados pela cegueira espiritual que achamos que somos da Terra, e não filhos e cidadãos do Universo! A realidade, porém, é que aqui estamos matriculados ou encarcerados a fim de realizarmos nosso processo de educação espiritual para um dia podermos conviver harmoniosamente com a grande família universal.

Mas não nos iludamos muito com ajudas de fora, pois, embora elas possam ocorrer, o trabalho a ser feito é sempre interior. Consideremos que nem mesmo o choque da morte física e da reencarnação tem nos despertado substancialmente ao longo do tempo. O processo é relativamente lento.

Segundo informações que nos foram passadas por alguns Espíritos – em especial, Manoel Philomeno de Miranda, por intermédio da psicografia de Divaldo Franco, no livro *Transição planetária* (2014) –, irmãos de comunidades planetárias mais evoluídas já estão reencarnando na Terra para nos ajudar nesse processo de transformação ético-moral da sociedade humana, mas o êxito desse processo também dependerá do nosso empenho.

Na verdade, o que mais promoverá o despertar consciencial da humanidade serão as dores que se acentuarão por conta da falta de sentido existencial, posto que a criatura humana tem sido resistente em se transformar para melhor, em se renovar moralmente à luz dos princípios espirituais. A consequência de todo esse afastamento da Fonte Consciencial – Deus em nós – é o estado mental hipercinético da coletividade, a inquietude dominadora da mente acelerada por um excesso de informações, apegos, dependências e exigências do mundo materialista e consumista, conduzindo o ser humano a um nível altamente perturbador de insatisfação crônica e ansiedade incontrolável.

Assevera Augusto Cury, em seu livro *Ansiedade – Como enfrentar o mal do século* (2015): "Ao Eu acelerado pertence o imenso grupo de pessoas em todo o mundo, em todas as sociedades modernas, de crianças a idosos, que se entulham de informações, atividades e preocupações".

Aí estão as depressões em múltiplos aspectos, o transtorno do pânico, as fobias, o índice elevado de suicídio nas comunidades, a drogadição que domina larga faixa da juventude, as doenças do corpo e da alma... A dor dilacera a humanidade terrena, convocando-a a mudanças graves e urgentes. No entanto, como esclareceram os espíritos superiores a Allan Kardec em *O livro dos espíritos* (2008), "é preciso que o mal chegue ao excesso para que se verifique a necessidade do bem e das reformas".

CAPÍTULO 3

O VÍCIO DE PENSAR

São tantos os vícios que dominam a humanidade terrestre! Nós nos viciamos em bebidas alcoólicas, tabaco, maconha, cocaína, *crack* (e tantas outras drogas), jogos e sexo. Até os atos de comprar e comer podem viciar. A seu ver, haveria algum outro vício ainda não identificado ou não tão combatido pelos estudiosos do comportamento humano?

Sim. O vício de pensar!

Somos viciados em pensar?

Especialistas da área da saúde, encarnados e desencarnados, têm trabalhado intensamente no sentido de combater e vencer todos os vícios que distanciam o ser humano da conexão com a vida profunda. Eles sabem que perdemos a sintonia com a essência oculta por detrás das formas toda vez que nos encarceramos em quaisquer tipos de dependência.

Um vício pouco combatido, porém, é o de pensar. Você que me lê, neste momento, quando observa uma paisagem bonita da natureza ou uma cena comum do cotidiano, consegue fazê-lo com a mente vazia? A maioria de nós está mais na mente do que na vida real. A mente tem vida própria, que não é a vida real; ela vive no passado ou no futuro, os quais, em realidade, não existem.

Muitos que contatam essas orientações me dizem que não conseguem ficar sem pensar; e isso não é um grande problema para o início do trabalho que é preciso fazer. Quase todos vivem assim. Mesmo não conseguindo parar de pensar, a primeira coisa a se fazer é começar a observar os pensamentos que muitas vezes fervilham na casa mental. Isso já trará um determinado nível de consciência, a qual despertará por detrás dos pensamentos.

É o início do despertar espiritual!

Quando compreendemos que não somos a "voz que tanto fala dentro da nossa cabeça", viciada em contar histórias e mais histórias (passado), em criticar, comentar, apoiar, atacar, discordar e concordar, estamos a caminho da paz que emana da consciência profunda, o Ser Essencial que somos.

Essa é a paz que, segundo Jesus, "o mundo não pode dar" (Jo 14,27), e que, no dizer do apóstolo Paulo, "excede toda a inteligência" (Fl 4,7). É a paz que provém do eu profundo, Deus em nós.

O excesso de pensamentos gera ansiedade e, consequentemente, insatisfação. Quem permanece preso no mundo dos pensamentos não consegue sentir a vida que pulsa em toda parte, em todos os seres.

A essência da prática espiritual consiste em reduzir e, por fim, erradicar nossos estados mentais agitados (que no budismo são chamados de "delusões"), substituindo-os por paz interior inalterável.

O que é exatamente o estado de Presença, também chamado de despertar espiritual?

É algo que não pode ser plenamente definido em palavras; está além de todos os conceitos. No entanto, se sempre precisamos nomear tudo que existe, podemos dizer que o estado de Presença é Deus – Deus em nós, no próximo, na natureza, no Cosmo. A Presença se manifesta na comunhão dos seres despertos com todos os seres e coisas que os rodeiam. Mas dizer isso ainda não é nada, é preciso sentir... A Presença é, sobretudo, uma experiência do coração, não do intelecto; é *comunhão profunda*!

Não é possível vestir em palavras o sentido profundo do estado de Presença. Não se pode codificar ou encarcerar o infinito. Tudo o que já foi dito sobre a Presença constitui apenas sinalizações sobre algo que está muito além de formas, conceitos e palavras, mas é possível apresentar ou codificar o caminho para esse estado de plenitude e comunhão com a vida.

Jesus por muitas vezes falou da Presença. Em João 10,30, por exemplo, quando afirmou "eu e o Pai somos um", referia-se à sua unificação com a vida, ao seu estado de conexão com o Divino. Ao asseverar "eu sou o caminho, a verdade e a vida" (Jo 14,6), não estava dizendo que possuía ou detinha coisa alguma (já que tudo o que temos ou detemos podemos perder), mas que já era o próprio caminho, a própria verdade, a própria vida. Ser é muito diferente de ter.

No mundo tenho visto mais "teres humanos" que seres humanos... Pessoas que acreditam valer pelo que têm, não pelo que são!

A Presença é a manifestação de Deus, que ainda permanece oculto para grande parte da humanidade; é a divinização do humano, quando o ser humano transcende sua própria realidade biológica e acessa o divino que traz em si, sua espiritualidade essencial. É a divinização do humano ou a humanização do divino.

No seu processo evolutivo, o espírito transita da inconsciência para a consciência. Surge simples e ignorante, como esclarece *O livro dos espíritos* (2008), e segue na direção do conhecimento de todas as coisas fora e dentro de si, no caminho do estudo, da reflexão, da meditação e da vivência. Não existe despertar espiritual sem disciplina e dedicação!

Inicialmente, somos apenas instinto; depois, sensação; mais tarde, emoção e razão, até vivenciarmos os sentimentos que são como emoções conscientizadas. Mais à frente, alcançaremos a intuição ou comunhão com o divino.

Para que acessemos o divino em nós, é preciso pacificar o turbilhão de pensamentos que nos envolve e arrasta? É necessário identificar a mente hipercinética e tratá-la ou descondicioná-la?

Sem dúvida. O lago mental precisa ser pacificado para refletir o brilho das estrelas do céu da consciência. Em geral, a mente impede a conexão com nossa própria essência, e isso é fonte de muitas doenças mentais, emocionais e físicas.

O contrário também é verdadeiro. Uma mente pacificada permite que as forças curativas da consciência profunda nos harmonizem integralmente. Como escreveu Deepak Chopra, em seu livro *O caminho da cura – Despertando a sabedoria interior* (1999): "quando a mente está tranquila, energias internas despertam e fazem milagres para nós – sem nenhum esforço consciente de nossa parte".

O esforço nosso, portanto, está em descobrir caminhos e disciplinas para pacificar a mente – pensamentos e emoções –, descondicionando a hipercinesia mental, a fim de receber as forças abençoadas e renovadoras que emanam do eu profundo, a consciência.

CAPÍTULO 4

BETA: O RITMO DA MENTE ACELERADA

A mente humana funciona em ritmos psíquicos diferentes? A mente acelerada ou hipercinética tem a ver com algum ritmo específico de funcionamento?

Sim. A mente humana trabalha em quatro ritmos diferentes – Alfa, Beta, Teta e Delta –, facilmente identificados ou diagnosticados pelo eletroencefalograma (EEG), exame neurofisiológico que avalia a função após análise da atividade elétrica cerebral espontânea.

O nível Alfa, caracterizado por uma emissão que vai de 7 a 12 ciclos de pensamento por segundo, pode ser alcançado por meio da meditação e da oração. Em Alfa, sentimos elevado nível de bem-estar, serenidade, tranquilidade e paz interior. O corpo também é beneficiado, pois há uma diminuição da pressão arterial, do ritmo respiratório e de outras funções fisiológicas.

Também pela meditação é possível entrar em outro ritmo cerebral, o nível Teta, que apresenta entre 4 e 7 ciclos de pensamento por segundo. É um estado de profunda comunhão com a vida, de plenitude indescritível, de Presença!

Nos níveis Alfa e Teta, entramos em sintonia com o plano espiritual superior, recebendo o concurso e a inspiração dos bons espíritos, que vivem nessas frequências mentais e vibracionais.

No nível Delta, o cérebro funciona abaixo de 4 ciclos de pensamento por segundo: quando estamos em sono profundo e refazente.

O nível Beta é o ritmo da mente hipercinética, acelerada, quando apresenta de 12 a 40 ciclos de pensamento por segundo; uma aceleração muito acentuada. Nele, o indivíduo é dominado pela ansiedade, pelo estresse, pela insatisfação profunda, podendo chegar a um estado emocional depressivo ou a crises de pânico. Acredita-se que, na atualidade, 80% da população mundial viva nesse ritmo.

O problema não é entrar em Beta, mas permanecer nele. Entrar, todos entramos, e é perfeitamente natural... Momentos de descontração, momentos alegres, festas animadas, atividades que precisamos realizar, a loucura do trânsito, encontros sociais, tudo isso faz parte da vida e precisa ser vivido. O importante é aprendermos a desacelerar e retornar ao ponto de equilíbrio: o ritmo Alfa.

A vida psíquica precisa funcionar como a nossa respiração: inspirar (voltar-se para dentro de si, para o silêncio interior da própria alma) e expirar (atuar na sociedade, cumprir os deveres, descontrair, celebrar a vida). Temos adoecido mental e emocionalmente porque estamos vivendo só para fora, e perdendo a conexão com o silêncio que habita em nós – Deus em nós!

Muitas pessoas vivem, mas não sentem a vida. Simplesmente existem; vivem no ritmo Beta 24 horas, até quando dormem.

Para sentir a beleza da vida é necessário estar em sintonia com a vida, estar focado no momento presente, em estado Alfa (ou Teta, quando possível). Quando estamos mentalmente fixados no passado ou no futuro, não sentimos a vida; o excesso de pensamentos eleva o ritmo de nossa mente e entramos no nível Beta, caracterizado pela insatisfação e pela ansiedade.

Perdemo-nos no passado ou no futuro porque ainda não temos uma consciência clara do que é a própria vida, apegando-nos em demasia a elementos que já aconteceram – angústia – ou a situações que ainda estão por vir – ansiedade.

A vida não está no passado nem no futuro, mas plenamente no presente. Somos espíritos imortais, deveríamos compreender que o nosso interesse é a construção do Bem em nós e em derredor dos nossos passos. Nada mais. Nós nos prendemos a tantas questiúnculas, a tantas coisas que não têm o menor significado, que deixamos passar o melhor da vida: o "agora", aquilo que estamos realizando neste momento.

Os espíritos do Bem esclarecem que o importante não é o que fomos nem mesmo o que ainda somos, mas o que desejamos e nos esforçamos para ser.

Muitas vezes nos aprisionamos no passado por conta de nossos equívocos morais. Toda vez que agimos contra os princípios do bem e da justiça, a consciência registra e a mente fica internamente dividida e inquieta. Psiquicamente, passamos a apresentar uma espécie de "fragmentação mental" por carregarmos um "lixo emocional" que, com o tempo, desce para o nosso inconsciente (problemas não resolvidos) e prossegue nos fazendo mal, influenciando nosso pensar, nosso sentir, nosso viver.

Qualquer ação contrária ao Bem se torna uma força de divisão interna; a mente se fragmenta, impedindo o ser de experimentar o sentimento de paz, unidade ou totalidade psíquica que Jung (1984) também chamou de *individuação*. Podemos enganar uns aos outros, mas não conseguimos driblar a consciência.

Somente com a reciclagem do lixo emocional do passado, com o auxílio de terapias que ensejem a higienização íntima e novos comportamentos, é possível nos harmonizar interiormente.

De fato, como escreveu o apóstolo Pedro, "o amor cobre multidões de pecado" (1Pd 4,8).

CAPÍTULO 5

DEPENDÊNCIA PSÍQUICA

Você nos falou sobre o "vício de pensar" e sobre o ritmo Beta. Poderia dizer algo mais detalhado acerca da influência de certas tecnologias sobre a mente?

Sim. Gostaria de falar especificamente a respeito do que denomino "dependência psíquica".

Dependência psíquica?

Tenho contatado muitas crianças e jovens que, viciados em jogos eletrônicos, passam horas na frente do computador, do *tablet*, do celular, mergulhados em realidades virtuais, distanciados da vida real.

Nossas crianças precisam voltar a ter mais contato com a natureza, com a terra, com o ar puro, com as brincadeiras mais humanizadas... Sei que nos grandes centros urbanos não é tão simples conseguir isso, mas não é impossível.

Também não proponho o abandono completo dessas tecnologias e dos jogos. Tenho dois filhos pequenos que se entretêm no celular, no *tablet* e no *notebook*, adoram jogos e youtubers, mas obedecem a horários específicos para isso. O excesso de exposição a tantos estímulos audiovisuais gera uma acentuada aceleração psíquica, e isso é o que mais preocupa do ponto de vista da saúde mental, pois a formatação da mente hipercinética provoca elevação da ansiedade e do nível de insatisfação do indivíduo, além de afetar a capacidade de concentração.

Se você, prezado leitor, tem filhos que gostam de jogar *videogame* ou outros aparelhos, muita atenção! Essas crianças e jovens terão muita dificuldade em se concentrar nos estudos, devido à agitação psíquica. Além disso, há processos de aceleração mental muito difíceis de rearmonizar mais tarde; os adultos de amanhã, portanto, sofrerão diversos transtornos de ansiedade e falta de prazer existencial.

A questão é muito mais grave do que se imagina e as medidas devem ser emergenciais. Reflitamos sobre isso dentro dos nossos lares, levemos a questão para as escolas e até para nossos núcleos religiosos, onde poderemos discutir o assunto e promover mudanças concretas.

Certa vez, assisti a um importante programa de televisão dominical brasileiro que apresentou um episódio muito triste, para não dizer assustador. Um adolescente, depois de passar doze horas jogando na frente da tela do computador, recebeu a admoestação da mãe, preocupada. Ela tentou tirá-lo do domínio exercido pela máquina, e o jovem simplesmente surtou: quebrou a porta do quarto com socos e mais socos em uma crise nervosa. Sua mente estava dominada pelo jogo, e o rapaz – "dependente psíquico" –, assim como um cão faminto que reage raivoso quando alguém tenta lhe tirar um pedaço de carne, não suportou deixar de lado o jogo dominador.

Cuidemos dessa questão com o máximo de zelo para que não tenhamos, muito em breve, uma juventude ainda mais doente, insatisfeita e deprimida.

Ainda a respeito dessa mesma abordagem, é possível incluir, como dependência psíquica, o uso excessivo do celular, mais especificamente do WhatsApp?

Sim. Tenho dito em minhas palestras e seminários que estamos diante de uma "geração cabeça baixa", que não se olha nos olhos porque está sempre voltada para a telinha do celular.

O problema mais preocupante é que, até pouco tempo atrás, para conversarmos com nossos amigos e familiares, tínhamos local e horário específicos. Tudo era planejado de forma a não afetar nossa rotina de estudo, trabalho e demais compromissos. Hoje, não. Muitas pessoas passam o dia inteiro presas ao celular, como se estivessem em uma rodinha de amigos o tempo todo. É algo prazeroso? Pode ser, mas também é altamente prejudicial à mente e à vida como um todo.

Particularmente, acho o WhatsApp fantástico! Consigo resolver muita coisa em pouco tempo. No entanto, ele jamais me escraviza. Como terei condições de escrever ou ler um livro recebendo mensagens a cada instante? Como me dedicarei ao meu trabalho se a toda hora sou solicitado por algum sinal sonoro ou visual do aparelho? Não é possível.

Enquanto terapeuta, tenho visto pessoas perderem o emprego, filhos se afastarem afetivamente dos pais, casais se distanciarem por estarem dominados pelos "poderes" do celular.

Que nos atentemos para essa realidade! Nossa mente precisa ter foco, atenção, tranquilidade, não pode ficar fragmentada por conta de mil informações, quase sempre desnecessárias, acelerada por um excesso de estímulos provenientes das redes sociais ou do WhatsApp, por exemplo.

CAPÍTULO 6

ORIGEM DA INSATISFAÇÃO

Uma mente fragmentada ou acelerada pode gerar o que de mais grave em nossa vida?

Profunda insatisfação. Esse é o ponto principal para o qual eu quero chamar a atenção de todos. Estamos acelerando o ritmo psíquico para além do normal, criando uma sociedade agitada, barulhenta, perturbada e perturbadora. E isso já nos tem custado um alto preço.

Toda aceleração psíquica contínua nos afasta permanentemente da serenidade, do nível Alfa. Isso é catastrófico, conforme já alertei em meu livro *Liberte-se da sua mente – Do vazio à plenitude* (2017).

Pode explicar um pouco sobre isso para aqueles que não contataram ainda esses conceitos a respeito de mente e consciência?

Claro. A mente é apenas um pequeno departamento gerenciado pela consciência, mas não é a consciência em si. Conta-se que São Francisco de

Assis chamava seu corpo físico de "meu burrinho", e o agradecia por carregá-lo na Terra, por servi-lo. Da mesma forma que temos um corpo carnal e não somos esse corpo – somos o espírito imortal –, temos uma mente e não somos essa mente. Poderíamos dizer de forma jocosa, embora verdadeira, que a mente é "nossa mulinha", que pode ser muito útil se bem conduzida, mas gerará prejuízos ilimitados fora das rédeas.

A mente, repositório de várias experiências vividas pelo espírito ao longo das múltiplas reencarnações, funciona como uma lente através da qual enxergamos o mundo exterior. Uma mente turbilhonada, agitada, sobrecarregada de informações e preocupações, limita a visão plena da realidade.

Quando contemplamos o mundo pela lente da mágoa, do rancor, do apego, das emoções desequilibradas, das paixões inferiores, não conseguimos sentir a essência das coisas – Deus imanente em Sua própria criação! Por essa razão, Jesus, o Terapeuta por Excelência, asseverou: "Bem-aventurados os puros de coração porque verão a Deus" (Mt 5,8).

Quando a consciência profunda está abafada pelo turbilhão da mente, somos inundados pela sensação de grande insatisfação. O contrário de felicidade não é tristeza, mas insatisfação. A tristeza é um fenômeno psicológico perfeitamente normal; até Jesus chorou, entristeceu-se, mas não significa que era infeliz ou insatisfeito.

A insatisfação é produto de nossa visão limitada da vida, da falta de conexão com Deus presente em tudo e em todos. *Dessa insatisfação nasce a ansiedade, a grande inimiga da plenitude humana.*

Quantas vezes tomamos um banho de quinze minutos e sequer temos consciência da água massageando nosso corpo? Nem gratidão sentimos pela bênção da água nos higienizando, mesmo sabendo que há irmãos nossos na África sem tê-la para matar a sede angustiante. Não percebemos o perfume do sabonete nem do xampu. Quantas vezes transitamos por paisagens paradisíacas na Terra, por vales banhados pela luz do sol poente, vislumbramos montanhas verdejantes e majestosas, jardins floridos plenos de cores e não conseguimos notar a vida pulsante, o divino oculto por detrás das formas passageiras?

A consciência é o sol, e a mente pode ser um nevoeiro denso impedindo que o astro-rei brilhe.

É preciso acalmar pensamentos e emoções para "ver Deus". Só se pode sentir a Divindade oculta pelas formas transitórias quando entramos no silêncio de nós mesmos. Pensamentos desarmonizados geram reações neuroquímicas desestruturantes, as quais chamamos de emoções negativas. Aprendendo a arte de pensar bem, que também é a arte de se autocurar, de pensar no bem e para o bem, é possível equilibrar todo o *corpo somático* (o corpo físico) com as vibrações psíquicas curativas e as emoções revitalizadoras.

Se cuidarmos da mente, harmonizando-a, pacificando-a, a luz da consciência brilhará a fim de gerenciar toda a nossa vida profunda e de relações. Os sábios gregos já ensinavam com sabedoria singular: "Mente sã, corpo são!". E Lao-Tzu (1984), escritor da Antiga China, fundador do taoísmo filosófico, aprofundou ainda mais a abordagem, propondo sabiamente:

> Vigie seus pensamentos, eles se tornam palavras;
> vigie suas palavras, elas se tornam ações;
> vigie suas ações, elas se tornam hábitos;
> vigie seus hábitos, eles se tornam seu caráter;
> vigie seu caráter, ele se torna seu destino.

CAPÍTULO 7

ESTRESSE CRÔNICO

Um dos principais efeitos da mente hipercinética na saúde humana é o estresse crônico, denominado em Fisiopatologia de síndrome geral de adaptação (SGA).

Quando o indivíduo passa por situações de risco ou perigo, o organismo reage de forma sequencial: a) atitude alarmante diante do perigo; b) fase de adaptação; c) fase de esgotamento ou exaustão. O organismo, se exposto por longo período a essas condições, adoece e pode até morrer.

As pessoas têm vivido uma espécie contínua de neurose: a competição, que conduz à saturação (ou hipercinesia mental) e, consequentemente, ao estresse crônico. Todo mundo quer vencer (superar o outro, e não a si mesmo), ser o melhor, o mais bonito, ter o corpo mais "malhado", ser o mais rico, o mais realizado, o mais feliz, entre outras buscas neuróticas. Isso estressa, isso adoece!

Dentro de um padrão de normalidade, o estresse conduz as criaturas à evolução, à superação de si mesmas, ao progresso... Estar em risco nos ensina a viver e sobreviver; todo risco, toda crise é oportunidade de evolução. As reações dos seres vivos e o desenvolvimento dos instintos são acelerados pelas situações de risco de sobrevivência, que nada mais são que reações de estresse.

O estresse crônico, porém, difere do estresse natural, porque está assentado sobre o poder criativo da imaginação dos seres humanos; a capacidade mal dirigida e acelerada de imaginar, inventar e criar... Ter que ser o melhor, o vitorioso sempre, tem se tornado a base da tormenta de muita gente boa mundo afora. Cada vez mais, estamos distanciados da vida simples e alegre, verdadeiramente feliz e espontânea.

Estamos perdendo a conexão com o mundo das essências (com a consciência), tornando-nos encarcerados pelo universo das aparências (criações mentais)! E esse caminho nos tem conduzido a um estresse doentio e profundamente nocivo.

Do ponto de vista orgânico, o estresse realiza certo encadeamento, o qual descrevo a seguir.

A partir da reação de alarme, a taxa de açúcar se eleva como emergência, causada pela descarga de adrenalina na corrente sanguínea. Depois do susto, essa taxa cai abaixo do normal, produzindo hipoglicemia, voltando ao padrão na fase de adaptação. Prosseguindo demoradamente esse processo, o pâncreas entra em desequilíbrio e produz o diabetes, nem sempre reversível, gerando também zumbidos no ouvido, vertigens, mal-estar e sudorese em repouso.

Além disso, o estressado crônico afeta o corpo físico e produz distúrbios do metabolismo, como aumento de colesterol, alteração na produção dos hormônios – adrenalina, acetilcolina, vasopressina, cortisol (hormônios relacionados com o instinto de defesa e preservação da vida), entre outros – e até concentração de gordura abaixo da linha da cintura.

A cura desse processo patológico está na mudança da forma de compreender a vida. Abandonar o paradigma materialista e, consequentemente, o espírito ou a neurose de competição é o primeiro grande passo na direção da cura e do bem-estar.

O ser humano precisa dilatar os próprios horizontes, perceber-se como espírito imortal, parar de sofrer por motivos fúteis, por apegos desnecessários e ilusões egoicas. A "vida moderna" é caracterizada por competições infelizes que precisam ser radicalmente abandonadas. Carecemos urgentemente de abraçar a vida como colaboradores uns dos outros nos processos de crescimento e despertamento coletivo. Aproximamo-nos do clímax do adoecimento mental e social porque estamos "ganhando o mundo e perdendo a alma", como alertou o Mestre de Nazaré em Marcos 8,36.

Além dessa mudança conceitual e paradigmática diante da própria existência, *a prática da meditação, atividade física e dieta adequada* são as três diretrizes básicas que podem muito ajudar a todos nessa imprescindível virada de jogo, nesse grave momento da transição planetária. É preciso desacelerar, buscar o silêncio interior para nos reconectarmos com as fontes da vida dentro e fora de nós, em nosso mundo íntimo e na natureza. Ou iniciamos essa mudança agora, ou pagaremos um alto preço por isso. Na verdade, já estamos pagando...

Atualmente, de 50 a 70% das pessoas que têm buscado os consultórios médicos e psicológicos, segundo a Organização Mundial de Saúde (OMS), apresentam como doença básica o estresse crônico, uma consequência natural da mente hipercinética.

Como já vimos, os guias espirituais da Terra, na questão 784 de *O livro dos espíritos* (2008), disseram a Allan Kardec que muitas vezes "é necessário que o mal chegue ao excesso para que se verifique a necessidade do bem e das reformas".

Acredito que estamos chegando a esse limite do mal.

CAPÍTULO 8

ANSIEDADE: INCOMPLETUDE DA ALMA

Pode aprofundar um pouco mais sobre essa importante questão da ansiedade e da insatisfação existencial?

Ansiedade é sensação de vazio, de incompletude, e também de tensão por algo desagradável que parece estar em vias de acontecer. Fobia, transtorno obsessivo-compulsivo (TOC), transtorno de ansiedade generalizada (TAG), transtorno do pânico, estresse pós-traumático e síndrome de *burnout* são terminologias que definem os diversos tipos e níveis de ansiedade.

Alguns dos principais sintomas da ansiedade são:

a) tensão;
b) nervosismo;
c) frio no estômago;
d) desarranjos intestinais e urinários;
e) taquicardia;
f) tremores;
g) sudorese abundante;

h) boca seca;
i) falta de ar;
j) insônia;
k) pesadelos;
l) insegurança;
m) preocupação;
n) pessimismo.

A falta de conexão profunda com os seres e contextos que nos rodeiam, por conta da fragmentação e aceleração mental, provoca esse transtorno emocional que aflige a maior parte da humanidade.

O ansioso nunca está onde seu corpo se encontra. Vive mergulhado no turbilhão mental, na hipercinesia da mente voltada quase sempre para o futuro, perdendo o maior bem que a vida nos oferta: o presente, o agora.

Quando Jesus afirmou, em Mateus 5,8, "bem-aventurados os puros de coração porque verão a Deus", estava também nos falando que o excesso de elementos em nosso campo mental limita a visão real e plena da vida, impedindo-nos de sentir a vida, o prazer existencial! Somente quando limpamos a vidraça da mente por meio da renovação moral e da desaceleração psíquica é que conseguimos contemplar e sentir a beleza das coisas, dos seres, dos acontecimentos.

Escreveu também o apóstolo Paulo: "Porque a sabedoria deste mundo é loucura diante de Deus" (1Cor 3,19). A sabedoria do mundo é o turbilhão mental, que nos tira a paz; a sabedoria de Deus está na *fonte sapiencial* da consciência, que nos permite contatar a vida verdadeira.

Quando nossa mente está turbilhonada por muitos pensamentos e emoções, não conseguimos fazer uma conexão profunda com todas as coisas. Sentimo-nos vazios e sozinhos, ainda que em meio à multidão. A solidão, em essência, não é a ausência de pessoas em derredor, mas a incapacidade de sentir a vida que nos circunda.

Vivemos uma era de muitos contatos reais e virtuais. Qualquer um, hoje, pode manter contato com o mundo inteiro, principalmente pela internet, mas o ser humano prossegue profundamente solitário e angustiado. Estar solitário não é estar sozinho, mas desconectado da vida profunda que se esconde por detrás das formas materiais transitórias.

Quando acendemos a luz da consciência, silenciando o mundo íntimo, naturalmente expandimos nossa capacidade de sentir. A vida real não é para ser apenas pensada, analisada, mas sobretudo para ser sentida. E isso somente se processa quando o ser que somos se sobrepõe à mente que temos.

A conexão ou sintonia profunda com Deus e o Universo é o grande objetivo do caminho espiritual, de nossa evolução consciencial. Trata-se do antigo *religare* (ligar novamente ao Criador), proposto por muitas religiões, mas tantas vezes confundido com cultos exteriores, cerimônias formais, ritualísticas vazias e mercantilização da fé.

CAPÍTULO 9

TRANSTORNO DO PÂNICO: UMA LEITURA ESPÍRITA

Segundo a OMS, o transtorno do pânico afeta de 2 a 3% da população mundial, surgindo nos indivíduos, normalmente, entre os 20 e os 40 anos. A causa orgânica do transtorno do pânico é desconhecida pela medicina, embora existam diversas hipóteses neuroquímicas, considerando os neurotransmissores serotonina, dopamina e ácido gama amino-butírico. Poderia nos apresentar uma análise transpessoal e espírita sobre esse transtorno?

O transtorno do pânico é uma doença que apresenta na sua base uma desconexão do indivíduo com sua essência, com o núcleo da consciência – o Ser Essencial.

Nem toda crise de pânico tem a ver com esse transtorno. As crises de pânico estão intimamente ligadas a fobias, que são medos específicos de um animal, objeto ou uma circunstância, e podem ser desencadeadas por um contato real ou até imaginário com um desses elementos.

Dentre os sintomas que caracterizam a crise de pânico, podemos elencar:

a) taquicardia;
b) sudorese;
c) tremores;
d) dispneia;
e) náusea;
f) sensação de desmaio;
g) despersonalização (o indivíduo deixa de ser ele mesmo);
h) desrealização (sensação de sair da realidade);
i) medo de estar enlouquecendo;
j) sensação de morte iminente;
k) mal-estar indefinido;
l) vontade de sair correndo;
m) medo extremado;
n) desespero.

No transtorno do pânico a crise acontece em qualquer momento e contexto, sem que se identifique um estímulo; pode-se estar acordado ou mesmo dormindo, parado ou realizando qualquer atividade. Isso gera um nível de insegurança terrível nas pessoas que sofrem desse transtorno e representa um sofrimento contínuo na vida delas.

Uma crise de pânico, então, pode ou não estar vinculada ao transtorno do pânico. Pode também ter causas especificamente orgânicas?

Sim. Mas compreendamos que tudo o que passamos, mesmo do ponto de vista físico, tem alguma relação com nossa realidade profunda, espiritual.

É preciso, portanto, passar por uma avaliação médica diante de uma primeira crise de pânico. Há algumas doenças que podem apresentar sintomas similares ao pânico ou desencadear a crise. São elas:

a) labirintite;
b) hipoglicemia;
c) epilepsia do lobo temporal;
d) tireotoxicose (intoxicação por excesso de hormônio da tireoide no hipertireoidismo);
e) taquicardia patológica (arritmias cardíacas supraventriculares);
f) feocromocitoma (tumor da glândula suprarrenal, produzindo excesso de corticoides);
g) intoxicação exógena por drogas;
h) síndrome de abstinência alcoólica;
i) transtorno de ansiedade generalizado.

Por não haver a identificação pela medicina terrena de uma causa orgânica para o transtorno do pânico, como ele é tratado pelos médicos?

A medicina trata o transtorno do pânico com medicamentos antidepressivos inibidores da recaptação de serotonina e com ansiolíticos que ajudam no controle dos sintomas.

Observemos que esse tipo de tratamento não alcança as causas profundas do problema; apenas, por misericórdia divina com o auxílio da farmacologia, atenua os efeitos. À terapêutica medicamentosa devem ser associados métodos e técnicas de harmonização e controle da ansiedade. Particularmente, eu destacaria os seguintes:

a) prática sistemática da meditação (mínimo de 15 minutos pelo menos duas vezes ao dia);
b) exercícios físicos para a produção de endorfinas e ampliação da percepção da energia do corpo;
c) visualizações terapêuticas.

Poderia nos falar agora mais especificamente dos aspectos psicológicos e espirituais do transtorno do pânico?

O transtorno do pânico tem origem em *núcleos traumáticos* da vida atual ou de outras reencarnações, registrados no terreno do inconsciente, que emergem ou afloram abruptamente, afetando o equilíbrio emocional do indivíduo.

Agressões físicas graves, abuso sexual, suicídio em uma vida passada, perdas afetivas, problemas financeiros ou decepções profundas podem se tornar traumas no psiquismo e carecer de psicoterapia apropriada. No porão da mente, o inconsciente, todos carregamos experiências ilimitadas, e algumas podem ser processos emocionais não resolvidos, sentimentos reprimidos, abafados, gerando quadros de fobia e de transtorno do pânico.

Os sintomas fóbicos e de pânico ocorrem quando esse "porão mental" transborda pelo acúmulo de lixo emocional reprimido, solicitando reciclagem urgente de todo o seu material psicoafetivo: mágoas, ressentimentos, rancores, fixações mentais negativas etc.

Em minha experiência clínica como psicopedagogo transpessoal, observo também que a aceleração psíquica – a mente hipercinética – proveniente do excesso de informações e de muitos estímulos audiovisuais é um fator que muito colabora para esse transbordamento emocional gerador da crise.

O Espiritismo pode ajudar de alguma forma no tratamento do transtorno do pânico?

Além das terapêuticas médica e psicológica, é importante que se recorra também à terapêutica espírita: o passe magnético, a água fluidificada, a oração e, sobretudo, o estudo sistemático do Evangelho de Jesus e da Doutrina Espírita.

O passe e a água fluidificada ou magnetizada harmonizam as dimensões física e energética do ser, alcançando também os núcleos de memória traumática presentes no psiquismo enfermo, promovendo uma espécie de *dessensibilização emocional* deles pelo magnetismo curador.

A evangelhoterapia, por sua vez, promove a reeducação moral e mental do indivíduo – a cura profunda e real. Para isso, é fundamental que o doente frequente as reuniões de estudo no centro espírita e também se dedique à leitura das obras espíritas que renovam seu universo íntimo, seus pensamentos e emoções, oportunizando uma sintonia salutar com os planos mais nobres da vida espiritual.

A renovação moral do ser e, consequentemente, sua mudança vibracional colaborarão profundamente no processo de *desobsessão espiritual* que, muitas vezes, se faz necessário nos processos complexos do transtorno do pânico. Quase sempre, espíritos infelizes – vítimas de outras reencarnações – tornam-se tenazes perseguidores espirituais de seus algozes do passado – os quais são, hoje, vítimas. Nas reuniões de desobsessão ou enfermagem espiritual da casa espírita, esses espíritos obsessores também podem receber a devida orientação evangélica, desistindo da perseguição espiritual infeliz e perdoando; a cura e a elevação espiritual de si mesmos, portanto, são iniciadas.

CAPÍTULO 10

DEPRESSÃO: DESCONEXÃO DA ALMA

Segundo a OMS, a depressão atinge 400 milhões de indivíduos em todo o mundo. Só no Brasil, são 13 milhões de depressivos, suplantando os Estados Unidos, que registram 12 milhões. Esses dados assustam, não é?

Sem dúvida. Poderíamos acrescentar ainda que é a segunda doença mental mais prevalente no planeta, perdendo apenas para a ansiedade. Também se sabe que 30% das consultas médicas, em qualquer especialidade, ocorrem por conta dos diversos sintomas físicos e emocionais que a depressão ocasiona.

A OMS afirma que, no ano de 2020, o transtorno depressivo ocupará o segundo lugar entre as patologias mais onerosas, incapacitantes e fatais. No entanto, segundo o Dr. Roosevelt Cassorla (1984), professor do Departamento de Psiquiatria da Universidade Estadual de Campinas (Unicamp), o transtorno já ocupa esse posto, ficando atrás somente dos acidentes automobilísticos.

Dos pontos de vista orgânico, mental e espiritual, em que consiste a depressão?

A depressão é uma espécie de congestão ou desnutrição da alma. Quando o indivíduo é dominado pela mente (pensamentos e emoções / passado e futuro), perde a conexão com a consciência profunda – o Ser Essencial que cada um é – oculta por detrás do "jogo transitório das formas". Uma mente agitada, turbilhonada, vai deixando o ser exaurido, sem forças para caminhar. Depressão é desânimo profundo, desconexão com a alma (*anima*, do latim).

A depressão pode ser primária, sem causas orgânicas que a justifiquem, ou secundária, quando é consequência de alguma doença. Vamos conhecer algumas causas orgânicas ou biológicas da depressão:

a) fatores genéticos;
b) deficiência de neurotransmissores (uma dieta deficiente em aminoácidos específicos, por exemplo, impede a formação dos neurotransmissores);
c) contaminação química;
d) problemas hormonais (hipotireoidismo, por exemplo);
e) falta de atividade física (exercício físico produz endorfina, responsável pela sensação de prazer);
f) carência de banho de sol (responsável pela formação de vitamina D e pela vitalidade orgânica).

Do ponto de vista psicoespiritual, o depressivo é alguém enclausurado no passado, em pensamentos torturantes, em dúvidas angustiantes, inseguranças, fobias, traumas e apegos, perdendo a conexão com a vida, que se faz plena somente no agora.

O benfeitor espiritual André Luiz (2013) esclarece que o espírito dirige o corpo por meio das correntes de pensamento e sentimento que atuam no Universo subatômico, ativando genes e controlando o seu funcionamento.

A psicossomática nos revela que a depressão é uma *raiva acumulada* – proveniente de uma espécie de *rebeldia* contra a vida e seus processos –, que causa reações orgânicas e bioquímicas. Raiva é sempre o vínculo psicológico com alguma ocorrência pretérita, retirando-nos do presente. Enquanto a pessoa não se despojar do passado e não fincar os pés no agora, ela não será alimentada pela vida que pulsa em toda parte.

Há aqueles que viajam horas por paisagens exuberantes sem sentirem a beleza das montanhas, das grandes pedras ou do mar, sem se tranquilizarem com o verde das árvores, o colorido e a delicadeza das flores... Onde estão? Por que não sentem a beleza da natureza? É fácil responder: porque estão totalmente encarcerados nos pensamentos, na mente. Olham, enxergam, mas não sentem!

A vida profunda, presente em tudo ou em todos, não é para ser pensada, analisada, e sim sentida. A mente é sempre analítica, não consegue sentir. Se perguntarmos à mente o que é uma montanha, a resposta será: um aglomerado de terra, pedra, pasto, árvores etc.; a mente não conseguirá sentir a beleza espiritual, divina, presente na montanha. Essa beleza só pode ser sentida quando contemplada diretamente pela consciência.

Em síntese, quem vive mergulhado no excesso de processos mentais – conscientes ou inconscientes – não é alimentado pela Vida Espiritual, por Deus. O depressivo não sente satisfação em nada que faz ou vê, porque está lançando sobre o mundo inteiro o seu estado psíquico de rebeldia e angústia. Necessita se despojar completamente do seu passado; às vezes, até do futuro (ansiedades e inseguranças) para começar a ser alimentado pela beleza da vida no presente.

É necessária, contudo, uma avaliação médica e psicoterapêutica integral do paciente depressivo, já que tal enfermidade não apresenta uma única causa, é multifatorial. E, mesmo tendo como causas elementos unicamente mentais e emocionais, o socorro medicamentoso pode ser necessário para restabelecer o equilíbrio da "química cerebral" ou de todo o organismo, por englobar desde a deficiência no nível de alguns neurotransmissores, como a serotonina, a noradrenalina e a dopamina, até alterações em níveis hormonais. Com a carência desses neurotransmissores, que atuam como "mensageiros", a comunicação entre neurônios e a regulação de suas funções ficam prejudicadas.

A deficiência de neurotransmissores provoca ainda a diminuição de substâncias protetoras dos neurônios, podendo motivar inclusive a morte de células cerebrais. Com isso, fica explícita a necessidade de recursos medicamentosos no tratamento, ainda que as causas profundas do processo depressivo residam na realidade espiritual profunda do indivíduo.

Segundo o CID10 (Código Internacional de Doenças) e o DSM-4 (Manual de Diagnóstico e Estatística em Saúde Mental), quais sintomas caracterizam a depressão?

São nove os sintomas que caracterizam a depressão, a saber:

a) Estado deprimido: sentir-se deprimido a maior parte do tempo, por pelo menos duas semanas;
b) Anedonia: interesse diminuído ou perda de prazer para realizar as atividades de rotina;
c) Sensação de inutilidade ou culpa excessiva, que acomete a grande maioria dos pacientes;
d) Dificuldade de concentração: habilidade frequentemente diminuída para pensar e concentrar-se;
e) Fadiga ou perda de energia;
f) Distúrbios do sono: insônia ou hipersônia praticamente diária;
g) Problemas psicomotores: agitação ou retardo psicomotor;

h) Perda ou ganho significativo de peso, na ausência de regime alimentar;
i) Ideias recorrentes de morte ou suicídio.

Você falou que a depressão é um tipo de raiva acumulada que tem origem numa espécie de rebeldia... Poderia ampliar essa explicação?

A rebeldia espiritual é a postura íntima que está na base do processo depressivo, gerando raiva, depressão e desconexão do ser com Deus, com sua essência. É quando a pessoa não conhece as leis divinas ou não as aceita, por isso se rebela intimamente contra tudo o que a vida lhe traz. Interiormente, vive a "não aceitação", a rebeldia espiritual. Há ainda aqueles que adotam atitudes vitimistas, acreditando serem afetivamente carentes, pobres coitados. Não querem lutar e, assim, encaminham-se a passos largos para um processo depressivo, pesando ainda na economia emocional de familiares e amigos.

Diante das dores da vida, existem "três portas": a revolta (rebeldia), a passividade (vitimismo) ou o bom combate (quando a alma procura se autoconhecer para mudar e superar o sofrimento). Não adianta entrarmos pelas portas da rebeldia ou do vitimismo, precisamos buscar a saída, refletir sobre qual mensagem a dor (seja de qualquer natureza) nos traz. O bom combate, como propunha o apóstolo Paulo, é a única porta para o verdadeiro cristão.

O psicólogo espírita Adenáuer Novaes, em seu livro *Alquimia do amor – Depressão, cura e espiritualidade* (2004), apresenta 26 conselhos úteis para que não entremos em depressão, os quais transcrevo a seguir:

1. Desenvolva e utilize sua intuição.
2. Apoie-se na certeza de que existe saída para todo e qualquer problema.
3. Lembre-se de que há algo a fazer para resolver seu problema sem necessariamente entrar em depressão.
4. Nunca se esqueça de que a depressão está relacionada com o sentido da vida.
5. Faça uma busca espiritual profunda.
6. Não entregue exclusivamente à religião a solução de seu problema, pois sua determinação é fundamental nesse sentido.
7. Duvide de soluções fáceis.
8. Utilize sempre a oração e a meditação simultaneamente.
9. Não use a tristeza, a melancolia ou o isolamento afetivo como pretextos, desculpas ou motivos para nada.
10. Utilize medicação somente quando prescrita e como último recurso.
11. Leia pelo menos um livro que melhore seu humor, que eleve sua autoestima e traga ensinamentos edificantes.

12. Verbalize suas emoções para alguém.
13. Tenha certeza de que você não é vítima.
14. Não alimente ideias em torno da autopiedade.
15. Pense na depressão como um desafio a ser vencido, que não está acontecendo para puni-lo.
16. Sinta-se acompanhado por forças espirituais positivas, mesmo que pareça o contrário.
17. Recupere seu senso de humor, em que pese a falta de ânimo, pois os outros não têm culpa de seu estado.
18. Lute como gigante contra o dragão interno da desmotivação.
19. Não coloque um problema como sendo maior do que sua própria vida.
20. Sintonize com os bons espíritos que querem seu sucesso.
21. Viva cada dia o seu momento, consciente de que as coisas são resolvidas com paciência e entusiasmo.
22. Faça uma caridade anônima, sentindo que fazer o bem faz bem.
23. Não acolha pensamentos derrotistas nem suicidas; a vida presente vale mais do que a futura.
24. Escolha pelo menos uma pessoa para ser sua âncora e sua conselheira.
25. Determine um prazo para fazer alguma mudança em sua vida.
26. Confie que Deus quer o melhor para você.

Eu alteraria, apenas, na proposta de Adenáuer, a prática sistemática da meditação, separada da oração. O ideal, como já foi dito, seriam quinze minutos de meditação, pelo menos duas vezes ao dia.

CAPÍTULO 11

AUTOCONHECIMENTO

Qual o valor do autoconhecimento no processo de cura e iluminação interior?

No processo de cura profunda e harmonização emocional do ser humano, o autoconhecimento é uma ferramenta psicológica fundamental. Temos viajado muito para fora e deixado de penetrar na intimidade de nós mesmos, local onde se encontra uma riqueza muito maior que a presente em todo o universo exterior.

Trata-se da velha e sempre atual proposta divulgada por Sócrates na antiga Grécia, relembrada na questão 919 de *O livro dos espíritos* (2008) por Santo Agostinho (Espírito): "Conhece-te a ti mesmo". O autoconhecimento é a base de todo movimento de reforma íntima ou transformação moral, sem o qual não se pode alcançar a tão desejada felicidade ou plenitude.

Ainda quando encarnado, Santo Agostinho (2004), citado por Julián Marias em *História da filosofia*, também asseverou:

> Como o homem é a imagem de Deus, encontra-o, como num espelho, na intimidade de sua alma; afastar-se de Deus é como extrair as próprias entranhas, esvaziar-se e ser cada vez menos; quando o homem, em troca, entra em si mesmo, descobre a Divindade.

O primeiro degrau para que, de fato, o indivíduo inicie a subida (ascensão espiritual) na extraordinária escada do autoconhecimento é, sem dúvida alguma, a *aceitação sem culpa da realidade que se é*, sem inquietudes em relação ao passado que se viveu e ao futuro que virá, para, a partir disso, trabalhar com eficiência o terreno interno da alma. Só podemos modificar o que conhecemos, e para conhecer algo precisamos aceitá-lo, acolhê-lo primeiramente.

Muitas vezes, em uma postura arrojada e até sincera, desejando a "perfeição" a qualquer custo, acabamos camuflando desequilíbrios internos, elaborando muitas "máscaras", deixando de realizar as mudanças que carecemos fazer.

Em um capítulo posterior, estudaremos os *Mecanismos de defesa do ego*, que nada mais são que "máscaras", artifícios de que fazemos uso para fugir do contato com a realidade interior – o Ser Essencial – e, assim, resistir à mudança.

Para a realização do processo de autoconhecimento precisamos nos aceitar "inteiramente" como somos, com nossas luzes e sombras, limitações e dificuldades.

Esclarece a benfeitora espiritual Joanna de Ângelis, pela mediunidade de Divaldo Franco (2014):

> O ser consciente deve trabalhar-se sempre, partindo do ponto inicial da sua realidade psicológica, aceitando-se como é e aprimorando-se sem cessar. Somente consegue essa lucidez aquele que se autoanalise, disposto a encontrar-se sem máscara, sem deterioração. Para isso, não se julga nem se justifica, não se acusa nem se culpa. Apenas descobre-se.

Nesse processo de "olhar para dentro" não se deve se condenar por nada que se tenha feito de errado. Nesse primeiro olhar é importante que o indivíduo se observe com certa neutralidade emocional, para não ser engolido pelas emoções pesadas da culpa, as quais podem encarcerá-lo no pessimismo e na baixa autoestima. É claro que o sentimento de remorso proveniente do Ser Essencial – a consciência profunda – virá, naturalmente, mas deve permanecer sob controle, sem gerar emoções perturbadoras.

O professor Allan Kardec, de certa forma, já sinalizou em *O livro dos espíritos* (2008) esse processo de reerguimento moral do espírito:

1º – Arrependimento (contato profundo com a realidade de si mesmo).

2º – Expiação (o remorso já é um tipo de expiação, de sofrimento, quando há verdadeiro arrependimento).

3º – Reparação (prática e vivência do bem).

É muito importante que nos observemos como simples "aprendizes da vida", não permanecendo presos aos erros do passado, pois, como asseverou Jesus, "quem toma do arado e olha para trás não está apto para o reino de Deus" (Lc 9,62).

O reino de Deus está totalmente no bem que fazemos no agora, na ação consciente que estamos realizando no momento presente. Quanto aos erros do passado, informou o apóstolo Pedro em uma de suas epístolas bíblicas: "O amor cobre multidões de pecado" (1Pd 4,8). Na linguagem espírita de hoje equivale a dizer que "o bem que se faz anula o mal que se fez".

O segundo degrau da escada do autoconhecimento é a "abertura para a mudança" de tudo aquilo que for percebido em desarmonia. É o início do combate às próprias imperfeições morais. Há ferramentas específicas que podem ajudar nesse complexo processo de autodescobrimento, das quais eu destacaria duas fundamentais:

a) O estudo sistemático da obra de pesquisadores que se dedicam à investigação do universo psíquico e espiritual humano. Lembremo-nos da orientação do Espírito de Verdade: "Espíritas!, amai-vos, eis o primeiro ensinamento. Instruí-vos, eis o segundo".
b) A prática diária da meditação.

As correntes ou escolas psicológicas são também ferramentas importantes para a humanidade terrestre nesse processo de decodificação do universo interior humano. São esforços humanos muitas vezes inspirados pela Espiritualidade Superior, no sentido de ajudar a Humanidade encarnada a compreender-se melhor para aproveitar ao máximo a experiência reencarnatória.

CAPÍTULO 12

PSICOLOGIA COM ALMA

A seu ver, há alguma corrente psicológica que analise o ser humano mais completamente?

Cada corrente psicológica tem o seu modelo de compreensão da personalidade humana e tem o seu valor, a sua singularidade. Há um modelo psicológico que pode ser apresentado a fim de possibilitar a melhor decodificação do universo interior do ser humano nesse processo de autoconhecimento: vejo na psicologia transpessoal, também chamada de Quarta Força, uma proposta de compreensão da personalidade muito mais abrangente que as correntes psicológicas anteriores.

A psicologia transpessoal é, de verdade, uma "psicologia". Considerando que "psique" significa alma e "logia", estudo, somente uma ciência que proponha abertamente o "estudo da alma", da realidade do ser espiritual, pode ser denominada psicologia. Deveríamos catalogar as outras correntes como "mentologias", já que são especializadas apenas no estudo da mente, e esta, como já temos visto, é apenas um departamento da psique humana, não a sua totalidade.

A Quarta Força em psicologia foi estruturada no final da década de 1960, nos Estados Unidos, por Abraham Maslow, Anthony Sutich, Viktor Frankl, Stanislav Grof e James Fadiman. Naturalmente, outros estudiosos e teóricos já haviam sinalizado o caminho para a transcendência, apresentando as bases para a Quarta Força em psicologia, entre eles destacaríamos Fritjof Capra, Carl G. Jung, Roberto Assagioli e Pierre Weil.

A psicologia transpessoal está assentada sobre as valorosas contribuições da ancestralidade oriental em torno da realidade do ser espiritual, o que também é denominado "a Grande Tradição". As experiências místicas e mediúnicas deixam de ser analisadas como patológicas e passam a compor uma realidade muito mais abrangente, além do humano: transumana ou transpessoal.

Diversos temas antes encarcerados ou marginalizados no campo do sobrenatural passam a ser debatidos e analisados, oportunizando um notável processo de desmistificação. Alguns desses temas são: a dimensão espiritual do ser humano, antes sob o domínio das religiões; experiências de vidas passadas; experiências de quase morte (EQM); experiências fora do corpo (EFC); estados alterados de consciência; níveis de consciência, do estado de "sono" à consciência cósmica; e fenômenos mediúnicos como manifestação da paranormalidade humana, e não de uma anormalidade patológica.

A psicologia transpessoal não apresenta propriamente uma teoria da personalidade, uma vez que transcende a visão desse conceito apresentada pelas três correntes psicológicas anteriores (behaviorismo ou positivismo, psicanálise e psicologia humanista), e sim algumas "bases teóricas" importantes sobre a realidade psíquica profunda do ser humano que muito nos ajudarão no processo de autoconhecimento.

Podemos dizer que a psicologia transpessoal é uma psicologia espírita?

Existe grande semelhança entre a psicologia transpessoal e a psicologia espírita. Ambas se fundamentam na existência do espírito imortal e também postulam a existência de Deus, da reencarnação e da evolução do princípio espiritual.

É importante lembrarmos que, antes da existência da psicologia nos meios acadêmicos, Allan Kardec, o organizador da Doutrina Espírita, em sua *Revista espírita* – com o subtítulo de *Jornal de estudos psicológicos* –, já analisava as mais diversas experiências em torno do ser espiritual, de sua evolução e transcendência.

Na verdade, o Espiritismo oferece, há mais de 150 anos, uma riquíssima contribuição no campo mediúnico, muito especialmente na produção de portentosa literatura de caráter científico, filosófico e religioso, que deve ser mais bem explorada pelos estudiosos nas academias do mundo para uma abrangente compreensão da realidade psicofísica do ser humano.

Além da fundamentação de Kardec, a psicologia espírita tem sido desenvolvida por excelentes autores e pesquisadores, encarnados e desencarnados, dentre os quais: Jorge Andréa dos Santos, Divaldo Franco, Joanna de Ângelis (Espírito), Alírio de Cerqueira Filho, Nelson Luís Roberto, Claudio e Íris Sinoti, Adenáuer Novaes e Hammed (Espírito).

No entanto, gostaria de esclarecer que, embora haja sintonia profunda entre essas duas psicologias, a psicologia espírita apresenta explicitamente a proposta da reforma íntima, fundamentada na ética do Evangelho de Jesus – o mais extraordinário roteiro psicoterapêutico para a conquista da saúde física, emocional e espiritual das criaturas humanas –, conteúdo não explorado com a mesma roupagem pela abordagem acadêmica transpessoal.

Por um olhar mais profundo, contudo, percebemos que o fundamento da proposta terapêutica da Quarta Força está também na vivência da ética do bem e no despertamento do sentimento de amorosidade presente em estado germinal na consciência profunda. Isso porque, segundo Abraham Maslow (1962), um de seus fundadores, as doenças advêm da consciência ética entorpecida pela exacerbação do ego, fazendo o ser se distanciar do *self* – ou Núcleo essencial.

As duas psicologias, portanto, são esforços semelhantes no vasto oceano da alma, situados em campos de trabalho sutilmente diferentes: o acadêmico e o "religioso".

CAPÍTULO 13

CONSCIÊNCIA, MENTE E "MENTE PERSONIFICADA"

Poderia apresentar, ainda que de forma sintética, os principais conceitos que ajudam o indivíduo no processo do autoconhecimento?

À luz dos conhecimentos espíritas e transpessoais, os dois principais conceitos que fundamentam esse mapeamento da realidade interior do ser humano são: *consciência* (ou Ser Essencial) e *mente*.

A consciência é o fulcro criador da mente, também identificada como "consciência ótima" pelo paradigma transpessoal, ou Cristo interno pelas doutrinas esotéricas. É a essência do espírito imortal, na qual está escrita a Lei de Deus, conforme revelado na questão 621 de *O livro dos espíritos* (2008).

A consciência é a realidade profunda do ser e a mente é o departamento da alma humana, que tem origem na consciência profunda, dividido entre fenômenos conscientes e inconscientes, segundo os estudos de Freud e Jung. A mente deve ser dirigida pela consciência, mas também pode dominá-la.

A mente é uma espécie de repositório das experiências (memórias) do Espírito ao longo das reencarnações; alimenta-se de lembranças do passado e de conjecturas em relação ao futuro. De forma mais simplificada, é o conjunto de pensamentos e emoções que movimenta a vida psíquica do ser. Nós não somos a mente, temos uma mente. Temos pensamentos e emoções, mas não somos nossos pensamentos e emoções; somos a consciência por detrás da cortina mental.

Muitas pessoas parecem dominadas pela mente, por seus pensamentos e emoções... Quando alguém se identifica com seus pensamentos, emoções e desejos, surge o que denomino de "mente personificada" (falso eu).

Apresentei pela primeira vez esse conceito em meu livro *Liberte-se da sua mente – Do vazio à plenitude* (2017). É como se a mente se tornasse uma individualidade mais forte, "uma outra pessoa" – por isso o termo "personificada" –, exercendo domínio sobre o indivíduo.

O excesso de pensamentos não deixa nenhum "espaço interno" para a consciência profunda se manifestar. O ser está "engolido" pela mente; o "barulho" dos pensamentos – da mente hipercinética – domina por completo e o ser é subjugado pela própria mente. E é disso que trata o ditado popular no Oriente: "Deus habita no silêncio". Para que o Pai – a consciência profunda que somos em essência – manifeste-se em nós, é necessário haver um "silêncio interior"! Quanto mais pensamentos, quanto mais barulho mental, menos ouviremos a "voz de Deus"! Também, por isso, os sábios asseveram que a alma sabe o que fazer para se curar. O desafio é conseguir silenciar a mente para poder ouvi-la!

Esse conceito de mente personificada aparece na doutrina budista com o nome de *ego*, sendo também apresentado pelo professor espiritual alemão Eckhart Tolle (1997), que esclarece:

> O núcleo central de toda a atividade mental consiste em determinados pensamentos, emoções e padrões reativos repetitivos e persistentes com os quais nos identificamos com mais intensidade. Essa entidade é o próprio ego.

É a identificação do indivíduo com os seus pensamentos e emoções.

CAPÍTULO 14

EGOS E INCONSCIENTES

Quais os conceitos de ego e inconsciente para Sigmund Freud e Carl Gustav Jung?

Na teoria psicanalítica, o ego é a parte do aparelho psíquico que está em contato com a realidade externa. Tem função de garantir a estabilidade, a segurança e a sanidade da personalidade. Ele procura estabelecer um equilíbrio entre os desejos instintivos do indivíduo (id) e os códigos morais estabelecidos pela sociedade (superego). Para Freud e Jung, o ego é essa instância que caracteriza nossa "consciência ativa", com anseios, desejos etc.

Numa visão transpessoal, o ego representa uma parte do todo psíquico na qual os valores essenciais estão ausentes, dando origem a sentimentos como egoísmo, orgulho, ódio, ressentimento, vaidade exacerbada, ansiedade, melancolia, angústia, medo, apego, culpa etc. Enquanto a consciência é o eu permanente, o ego é o eu transitório. Por esse motivo, na cultura religiosa oriental se diz que "o ego é aquele que não é".

O conceito de ego, para Jung, não é muito diferente do de Freud.

O conceito de inconsciente de Freud e Jung também é o mesmo?

Não. Os dois teóricos têm ideias divergentes quando conceituam o inconsciente.

Para Freud, o inconsciente é apenas pessoal, mantendo sua individualidade psíquica, na qual cada ser humano possui seus próprios conteúdos reprimidos, geralmente originados na infância, abalando o equilíbrio da consciência. Jung, por sua vez, divide o inconsciente em duas camadas: inconsciente pessoal, em que são mantidas todas as experiências de cada indivíduo, as quais podem se tornar reprimidas, esquecidas ou muito fracas para chegarem à consciência; e inconsciente coletivo (sendo uma área mais profunda da psique), no qual estão contidos os instintos e as "imagens primordiais" – os arquétipos –, herdados da humanidade, uma espécie de reservatório de imagens latentes.

Nas palavras do próprio Jung (2011): "O inconsciente coletivo contém toda a herança espiritual da evolução da humanidade, nascida novamente na estrutura cerebral de cada indivíduo".

O inconsciente coletivo não provém de experiências individuais, tal como o inconsciente pessoal, embora precise de experiências reais para poder se expressar. Jung (2011) asseverava, ainda, que o inconsciente coletivo contém informações arquetípicas e impessoais, e seus conteúdos podem se manifestar nas pessoas da mesma forma que também migraram dos indivíduos ao longo do processo de desenvolvimento da vida. Esses conteúdos nos conduzem a um padrão pré-formado, a uma tendência que todos seguirão desde o dia do nascimento.

Os arquétipos não são ideias ou conceitos herdados. A respeito deles, Jung (2011) escreveu:

> [sua função] não é denotar uma ideia herdada, mas sim um modo herdado de funcionamento, que corresponde à maneira inata pela qual o pintinho emerge do ovo, o pássaro constrói o ninho, um certo tipo de vespa pica o gânglio motor da lagarta e as enguias encontram o caminho para as Bermudas. Em outras palavras, é um padrão de comportamento.

CAPÍTULO 15

OCEANO CONSCIENCIAL

Poderia fazer uma comparação entre os conceitos da psicanálise freudiana (id, ego e superego), já mencionados, os de consciência (ou Ser Essencial) e o ego da abordagem transpessoal?

Freud contatou apenas uma parcela da psique, dividindo-a em id (pulsões e desejos), superego (diretrizes morais sociais) e ego (mediador ou gerenciador entre os desejos e as convenções sociais), que busca garantir a segurança, a saúde e a sanidade da personalidade. De nenhum desses departamentos parece emergir a realidade da consciência profunda – o Ser Essencial –, de onde emanam os valores superiores da personalidade.

Como tão bem asseverou o psiquiatra e escritor espírita Alírio de Cerqueira Filho (2008), notável estudioso da psicologia transpessoal, se o consciente é a ponta do *iceberg* que emerge da água e a parte imersa é o inconsciente, faltou a Freud considerar ou contatar o grande oceano onde está mergulhado o *iceberg*, que é o Ser Essencial.

Já o conceito de ego, na abordagem transpessoal, nos remete às forças inconscientes do id e às imposições do superego quando não estão em sintonia com o Ser Essencial.

É possível também comparar a estrutura da personalidade humana da abordagem transpessoal com a elaborada na psicologia analítica, por Jung. Podemos considerá-lo indubitavelmente um precursor da psicologia transpessoal, pois os seus conceitos de inconsciente coletivo e de sombra sinalizam uma realidade profunda do ser humano, em que se encontram potencialidades e possibilidades que transcendem o indivíduo; portanto, transpessoais.

Segundo Jung (2011), a sombra, que tem origem no inconsciente coletivo, é a fonte de nossa criatividade. Observo uma sintonia muito grande com o conceito de Ser Essencial ou consciência apresentado pelo modelo transpessoal, porém o ponto que mais sintonia apresenta com o modelo transpessoal é o conceito de *self* ou arquétipo central. O *self* é o centro da totalidade da personalidade, ou seja, é algo semelhante ao conceito do Ser Essencial, o fulcro gerador de todo o ser, tendo em seu derredor o ego. Com a lei da reencarnação, compreendemos que o inconsciente coletivo é uma imensa "rede psíquica" que nós mesmos ajudamos a construir em outras experiências reencarnatórias, e que a ela estamos vinculados permanentemente, no corpo ou fora dele, sofrendo sua influência e influenciando-a.

CAPÍTULO 16

FÍSICA QUÂNTICA, "UNIVERSO VIVO" E PARADIGMA ESPÍRITA

Há conceitos básicos afins, do ponto de vista científico, entre a psicologia transpessoal, a física quântica e o Espiritismo?

A psicologia transpessoal, mesmo sendo uma ciência psicológica, considera determinados conceitos religiosos. A concepção psicológica transpessoal respeita profundamente o somatório da sabedoria religiosa, filosófica e transcultural da humanidade. Aquilo que é conhecido como a "Grande Tradição". Em perfeita sintonia com o Espiritismo, considera a imortalidade da alma e a reencarnação, mas também se fundamenta em conceitos científicos atuais trazidos pela física quântica.

A teoria do *quantum* abala profundamente o modelo mecanicista do mundo, pois, em nível subatômico, a matéria não existe, e sim "partículas" (padrões dinâmicos). Não existindo matéria, apenas energia em diversos níveis, o paradigma materialista mecanicista cai por terra, oportunizando o surgimento da física quântica. Nesse novo paradigma científico, a vida não é mais vista como um fenômeno desenvolvido em um universo inanimado; o universo torna-se crescentemente vivo.

Um "universo vivo" enseja o conceito de consciência, de mente, de forças mentais em ação, criando, construindo, elaborando o próprio universo... À luz dessas ideias, alguns autores chegam a afirmar que "a consciência realmente influencia ou mesmo cria a matéria"; assim, o universo passa a ser uma "complexa rede de eventos e relações". Isso alimenta as elucubrações dos paradigmas transpessoal e espírita, os quais consideram a consciência (o Espírito) não um produto do cérebro, mas a sua diretora metafísica, imortal.

A título de exemplo, a consciência está para o cérebro como a emissora de televisão está para o próprio aparelho televisor. Um olhar mecanicista interpretaria a programação da TV como produto do aparelho; um olhar profundo, transpessoal, espirítico, compreenderia que esse aparelho apenas recebe e decodifica o sinal proveniente da emissora, a qual é a consciência imortal, a fonte geradora. O cérebro, então, é apenas o aparelho de televisão.

O que é exatamente um paradigma?

Etimologicamente, o termo "paradigma" tem origem no grego *paradeigma*, que significa modelo ou padrão, correspondendo a algo que servirá de exemplo a ser seguido em determinada situação.

O norte-americano Thomas Samuel Kuhn, físico e filósofo da ciência, no seu livro *A estrutura das revoluções científicas* (2006), definiu como paradigma:

> [as] realizações científicas que geram modelos que, por período mais ou menos longo e de modo mais ou menos explícito, orientam o desenvolvimento posterior das pesquisas exclusivamente na busca da solução para os problemas por elas suscitados.

O paradigma, portanto, é um princípio, teoria ou conhecimento originado da pesquisa em um campo científico. Uma referência inicial que servirá de modelo para novas pesquisas.

Podemos, então, dizer que há um "paradigma espírita"?

Perfeitamente. Há no Espiritismo um modelo científico conceitual da vida e do universo, apresentado por Allan Kardec (2008), fundamentado nos seguintes postulados:

a) Existência de Deus;
b) Imortalidade da alma;
c) Comunicabilidade dos espíritos (mediunidade);
d) Pluralidade das existências (reencarnação);
e) Pluralidade dos mundos habitados.

Esses postulados foram objetos de estudos de importantes pesquisadores e cientistas, tais como Gustave Geley (França, 1868-1924), William Crookes (Inglaterra, 1832-1919), Alexander Aksakof (Rússia, 1832-1903), Cesare Lombroso (Itália, 1835-1909), Charles Richet (França, 1850-1935), Ernesto Bozzano (Itália, 1862-1943), Frederick William Henry Myers (Inglaterra, 1843-1901), Arthur Conan Doyle (Inglaterra, 1859-1930), Adolfo Bezerra de Menezes Cavalcanti (Brasil, 1831-1900) e Hernani Guimarães Andrade (Brasil, 1913-2003). Na atualidade, destacaria o trabalho dos seguintes pesquisadores entre diversos estudiosos do paradigma espírita: Amit Goswami e Brian Weiss (EUA), Sérgio Felipe de Oliveira e Alírio de Cerqueira Filho (Brasil).

Compreender que o paradigma espírita transcende o que conhecemos como Movimento Espírita é essencial. Há pesquisadores, como Goswami e Weiss, que não militam em nosso movimento, mas estudam e pesquisam os mesmos postulados. *O Espiritismo é a ciência da alma* – além de quaisquer homens e instituições. O Movimento Espírita é uma organização humana no esforço por divulgar os princípios espíritas para a humanidade.

CAPÍTULO 17

MATERIALISMO (QUANDO O TER SOBREPÕE O SER)

Quais os efeitos do materialismo sobre a vida do ser humano?

A visão materialista ainda predomina na Terra. Apesar da presença de diversas religiões, quase sempre convidando a criatura humana a uma visão espiritualista mais abrangente da vida, observamos que a humanidade terrestre chega ao início do terceiro milênio profundamente mergulhada no materialismo, que encontra no atomismo de Leucipo e Demócrito, na antiga Grécia, a sua base epistemológica.

Essa visão restritiva, porém, consolidada ao longo dos séculos por diversos pensadores e cientistas, não atende às ânsias profundas do ser humano, concitando-o a buscar novos horizontes que lhe ampliem o significado existencial.

O materialismo limitou a nossa realidade e a nossa realização, considerando somente o universo físico, desprezando as potencialidades subjetivas da alma humana. Sob esse domínio, a criatura humana tem devastado a natureza e violentado seu semelhante numa busca desenfreada por poder, prazer hedonista e conquistas sociais. Estamos diante de uma grande crise planetária, que nada mais é do que a união de diversas crises nos mais variados quadrantes da sociedade. O ser humano, então, sente-se convidado a transcender a realidade imediatista da vida não em uma postura de fuga psicológica, mas em uma tentativa de melhor compreensão e transmutação do contexto existencial da Terra.

Nessa busca por uma visão mais ampla e transformadora, com base nos vislumbres da psicologia humanista, consolida-se o paradigma transpessoal, considerando nossa realidade subjetiva, nossas potencialidades divinas, nossa transcendência. Esse paradigma apresenta, assim, caminhos para que a criatura humana realize seu périplo terreno mais consciente sobre a finalidade maior da vida, utilizando-se de sua força interior – sua pulsão de vida – para o desenvolvimento de suas habilidades criativas e transpessoais a serviço de uma sociedade mais lúcida, equilibrada e rica de valores. Sobrepõe-se o paradigma materialista do TER, objetivando o despertamento do SER.

Qual a fundamentação científica e filosófica do materialismo e o que propõe o paradigma transpessoal?

Para uma compreensão maior do leitor sobre a fundamentação científica e filosófica do materialismo e a nova visão transpessoal, vou tecer algumas considerações a mais sobre os paradigmas newtoniano-cartesiano e o transpessoal.

O paradigma newtoniano-cartesiano, que sustenta a concepção materialista da vida, considera a consciência um produto do funcionamento cerebral, um epifenômeno dos processos fisiológicos do cérebro. O modelo transpessoal, por sua vez, admite que a consciência permeia toda a realidade físico-orgânica e a transcende.

O modelo mecanicista-reducionista, fundamentado na ciência de Newton e na filosofia de Descartes, não conseguiu equipar a psiquiatria e a psicologia, por exemplo, para uma compreensão adequada de um extenso espectro de fenômenos que transcendem os domínios biográficos do inconsciente, classificando inúmeras experiências psíquicas, inclusive os "estados alterados de consciência", como patológicas.

Já o paradigma transpessoal, também chamado de holístico, unindo conquistas da física e das psicologias e contemplando valores da Grande Tradição (o somatório da sabedoria transcultural da humanidade), apresenta uma leitura mais abrangente e profunda da criatura humana, considerando-a como uma integração de elementos biológicos, psicológicos e espirituais.

Na impossibilidade de compreender experiências paranormais, por não possuir equipamento conceitual para isso, o paradigma newtoniano-cartesiano classificou como patológicas experiências de caráter transpessoal – que vão além dos limites da realização humana. Existem, portanto, inúmeras desvantagens para o progresso da humanidade presentes no paradigma mecanicista em que a ciência se apoia hoje.

Por possuirmos elementos que transcendem o os aspectos físico e biológico, uma ciência que somente considera o universo material não conseguirá atender às nossas necessidades ônticas (do ser profundo), muito menos oportunizar horizontes mais amplos para o desenvolvimento de nosso potencial criativo. O paradigma materialista também não foi capaz de compreender a necessidade da cooperação e das preocupações ecológicas, considerando o universo composto por "unidades separadas" que interagem mecanicamente.

O sucesso desse modelo paradigmático proporcionou o desenvolvimento da energia nuclear, de foguetes espaciais, *lasers*, computadores e outras tecnologias. Sem uma ética superior, porém, que considera a espiritualidade e os valores humanos, o equilíbrio do planeta e de sua humanidade foi colocado em risco. Avançamos muito tecnologicamente (para fora), mas ainda não promovemos o autodescobrimento, a compaixão, a solidariedade, a valorização do outro como membro da mesma família universal.

O paradigma mecanicista fomenta uma visão sectarista, contemplando o mundo como um quebra-cabeça composto por "unidades separadas", individualidades. Desse modelo materialista resultam as guerras, as crises econômicas, a poluição industrial, entre outros males, pois essa ideologia conduz ao egocentrismo, à vitória do eu sobre o nós, do individualismo em detrimento do bem-estar da coletividade.

CAPÍTULO 18

CIÊNCIA, IMORTALIDADE E REENCARNAÇÃO

Na atualidade, há muitos trabalhos científicos sérios em torno da imortalidade da alma e da reencarnação?

Desde o século XVII, ciência e religião assumiram direções distintas na construção do conhecimento. Todos os temas fundamentados na existência do espírito imortal foram abandonados pelos estudiosos da ciência que obedeciam ao modelo materialista erguido sobre Newton e Descartes.

Na atualidade, desde o século XX, cientistas como Raymond Moody, Kenneth Ring e Karlis Osis, e instituições científicas como a Sociedade Americana de Pesquisa Psíquica, a Fundação para a Pesquisa Psíquica de Durham, na Carolina do Norte, o Departamento de Parapsicologia da Universidade de Virgínia, entre outras, voltaram o olhar novamente para a possibilidade da vida espiritual, iniciando pesquisas sobre a experiência de quase morte (EQM), a experiência fora do corpo (EFC) e visões no leito de morte, comprovando a existência de uma realidade espiritual independente do corpo físico.

Já o fenômeno da reencarnação tem sido estudado por pesquisadores de todo o mundo, merecendo destaque, entre outros, os doutores Ian Stevenson, médico psiquiatra da Universidade de Virgínia; H.N. Banerjee, médico psiquiatra indiano; Helen Wambach, psicóloga americana; e os psicoterapeutas Morris Netherton, Edith Fiore, Brian Weiss, Roger Woolger e Patrick Drouot. As pesquisas têm confirmado a existência da reencarnação, atestando a existência do espírito imortal e do "princípio do carma", o qual sustenta que, pela reencarnação, todos os seres humanos um dia aprenderão o preceito áureo do Evangelho por si mesmos: qualquer mal e injúria que façamos aos outros será compensado nas vidas subsequentes com sofrimento pessoal, enquanto o amor e a compaixão pelo próximo nos serão devolvidos na forma de realização pessoal.

Estudos e experimentos sobre o mecanismo e a eficácia da prece têm sinalizado também para uma realidade extrafísica, uma "mente não local" e unificada, confirmando que a consciência (Espírito) não está encarcerada no corpo (no cérebro), podendo atuar mesmo a distância. Com base nisso, alguns autores passaram a afirmar que a física tem comprovado a eficácia da prece, da telepatia e de outras atividades que envolvem a comunicação a distância.

No ano de 1960, o biólogo Bernard Grand, da McGil University de Montreal, no Canadá, realizou um estudo para verificar o real poder da oração. Grand fez incisões na pele de 300 camundongos e dividiu-os em três grupos. Oscar Estebany, um homem que se dizia portador do dom da cura, segurava a gaiola de um grupo duas vezes por dia e concentrava sua energia nos ferimentos. Alunos de medicina seguravam outra gaiola duas vezes por dia. Ninguém segurava a terceira gaiola. Após duas semanas de experimentos, os ferimentos dos ratos de Estebany haviam cicatrizado mais rapidamente em comparação aos outros, de acordo com o relatório do biólogo, que foi publicado no Journal of the American Society for Psychical Research.

Todas essas experiências têm consolidado, no meio científico, o reconhecimento de que existe algum aspecto da psique humana – não local e imortal – que aproximará cada vez mais a ciência da religião, e vice-versa, dando origem a um novo paradigma existencial que contempla a realidade da imortalidade da alma.

CAPÍTULO 19

PSICOLOGIAS

Em sua opinião, no processo de compreensão da natureza interior e espiritual do ser humano, o que representa para a humanidade a evolução da psicologia, começando pela Primeira Força (o behaviorismo) até chegar à Quarta Força (a psicologia transpessoal)?

Representa uma consequência do despertar da consciência planetária no âmbito científico, sinal contundente de que estamos iniciando um novo ciclo no processo da evolução espiritual da Terra, o que chamamos de *mundo de regeneração*.

O behaviorismo, também designado de comportamentalismo, é o conjunto das teorias psicológicas que postulam o comportamento como o mais adequado objeto de estudo da psicologia. O comportamento é definido por meio de unidades analíticas, como respostas e estímulos, e investigado por diferentes métodos, dentre os quais destacam-se: a observação do comportamento em ambiente experimentalmente controlado, a observação do comportamento em ambiente natural e a interpretação de relações comportamentais orientada por evidências empíricas. É uma teoria psicológica ainda profundamente dominada pela visão positivista e mecanicista da vida.

Freud, indubitavelmente, avançou na direção do universo interior como ninguém antes havia feito, mas se limitou às forças da libido e ao inconsciente humano como fonte de patologias. Sem dúvida, uma conquista admirável, porém ainda limitada perante a realidade profunda e transcendental do ser humano.

Maslow e Sutich conseguiram se apoiar nas conquistas anteriores e, juntamente com outros admiráveis estudiosos, apresentar a psicologia humanista, focada nas potencialidades humanas: valores, criatividade, sentimentos, identidade, vontade, coragem, liberdade, responsabilidade etc.

Objetivando sistematizar os alicerces da psicologia humanista, Maslow (1962) apresenta alguns fundamentos dessa Terceira Força:

a) A natureza do ser é, em parte, singular, em parte universal; não é má essa natureza, mas boa ou neutra.
b) Existe no ser um núcleo essencial que o impulsiona para a individuação.
c) Se esse núcleo for negado ou suprimido, a pessoa adoece. Se lhe permitirmos guiar a nossa vida, cresceremos sadios, fecundos e felizes.

d) Essa natureza, por ser frágil, delicada e sutil, pode ser obscurecida pelo hábito, pela pressão cultural e pelas atitudes errôneas em relação a ela; no entanto, nunca desaparece, permanecendo subjacente e para sempre, pressionando para a autorrealização.
e) As privações, frustrações, dores e tragédias, quando bem elaboradas, transformam-se em estímulos à nossa natureza interna, promovendo a realização e a robustez do ser.

Posteriormente, porém, compreendendo que a realidade subjetiva do ser transcende a própria realidade humana, a psicologia transpessoal surge, também com Maslow, Sutich e outros, rasgando o véu da vida material, o paradigma materialista e reducionista, apresentando uma proposta voltada para "a expansão do campo da pesquisa psicológica a fim de incluir o estudo da saúde e do bem-estar psicológicos ótimos", como asseveram os estudiosos Walsh e Vaughan (1997).

A meu ver, a Quarta Força em psicologia representa uma dilatação consciencial profunda no campo científico, ensejando à humanidade uma visão cósmica e plena sobre a realidade transcendental da alma humana e de suas divinas potencialidades, tendo na consciência imortal o epicentro de todas as elucubrações e investigações científicas.

Poderia dizer algo mais sobre a relação entre a psicologia humanista e a transpessoal, apenas para compreendermos melhor esse avanço psicológico na decodificação do universo interior humano?

A psicologia humanista oferece o alicerce para a edificação da proposta transpessoal quando apresenta os valores e as potencialidades humanas, suplantando os modelos anteriores, em especial a psicanálise, voltados para o patológico. Qualitativamente, contudo, a psicologia transpessoal difere da humanista porque objetiva transcender os limites da realização humana ao considerar as "potencialidades últimas", a espiritualidade e os estados alterados de consciência.

A psicologia transpessoal transcende os aspectos individuais e biográficos da personalidade, indo além dos processos organicamente explicáveis, fundamentos ainda da psicologia humanista. A psicologia transpessoal considera a consciência para além do contexto do organismo e de seu campo perceptivo e experiencial objetivo.

CAPÍTULO 20

O PARADIGMA TRANSPESSOAL E A SAÚDE HUMANA

De que forma o desenvolvimento dessa visão ou desse paradigma transpessoal pode contribuir na área da saúde humana?

Dilatando o entendimento sobre a realidade imortal da consciência, o paradigma transpessoal equacionará inúmeros problemas existenciais, psicológicos e emocionais que afetam a humanidade terrena. O paradigma transpessoal oferece uma visão da existência que conduz o ser humano à sua realidade profunda, ajudando-o a compreender que "todos os problemas existenciais" são apenas material pedagógico a serviço de seu desenvolvimento interior.

A psicologia transpessoal é a primeira abordagem ou corrente psicológica que dedica total atenção à dimensão espiritual da experiência humana, contemplando os conhecimentos da Grande Tradição, mas também se irmanando às ciências naturais, reeditando de certa forma o ideal behaviorista. Consegue, assim, açambarcar a vida humana em sua dimensão plural

– física, mental, emocional –, tendo como epicentro a realidade do espírito, no qual se encontra a gênese real das doenças e dos sofrimentos humanos.

Segundo essa visão transpessoal, como devemos encarar o binômio saúde-doença?

A psicologia e a psiquiatria nasceram para o tratamento das patologias, considerando a consciência uma função do cérebro e privilegiando as pesquisas neurocientíficas. À luz do paradigma transpessoal, a consciência é o ser imortal, responsável pelo bem ou mal-estar da personalidade humana. A mente se apresenta como apenas um departamento da consciência, e não como sua realidade total.

O modelo transpessoal não sujeita o Ser Essencial (espírito ou consciência) ao seu contexto familiar ou social – embora considere o valor relativo do contexto –, mas o apresenta como consciência imortal que deve gerenciar positivamente pensamentos e emoções, ante as diversas circunstâncias existenciais e contextuais.

Dessa forma, a psicologia transpessoal apresenta o "ter" e o "fazer" como caminhos para o desenvolvimento do eu interior (a consciência), não como finalidades últimas, e sim como meios de ascensão ou despertamento interior. Coloca o ter e o fazer a serviço do ser, assim colaborando positivamente no combate à ansiedade em relação ao futuro, fonte de tantas desarmonias psicofísicas, bem como aos apegos e sofrimentos do passado, perdendo força sobre a consciência desperta que privilegia o momento presente.

Na sua prática como psicopedagogo clínico transpessoal, de que forma essa concepção colabora no atendimento a seus pacientes?

Ainda dentro do mesmo fio condutor da resposta anterior, a visão transpessoal tem me ajudado a auxiliar meus clientes a acessarem níveis de consciência mais harmonizados, com o auxílio de práticas meditativas, por exemplo, desacelerando substancialmente o ritmo dos pensamentos.

A partir do "apaziguamento da mente" (de Beta para Alfa), inicio todo um processo de releitura existencial, contemplando a realidade profunda do paciente, ajudando-o a "olhar de novo" para seus conflitos internos e interpessoais a partir dessa nova ótica. A desidentificação do ser (consciência) em relação à mente (pensamentos e emoções) oportuniza o início da cura ou o despertar interior para uma nova realidade muito mais harmônica e saudável.

Observo que, ao oportunizar o contato do indivíduo consigo mesmo, com seu eu profundo, ao alcançar o ritmo Alfa ou até o Teta, um novo caminho de autodescobrimento se descortina à sua visão, ensejando novas perspectivas existenciais ante os naturais desafios da vida familiar, social, profissional e até religiosa.

CAPÍTULO 21

MECANISMOS DE DEFESA DO EGO

Poderia explicar mais um pouco os conceitos de consciência e ego na abordagem transpessoal?

A consciência é a realidade profunda de cada um; é o centro do ser, onde estão fixados de forma latente todos os valores positivos do indivíduo que serão desenvolvidos ao longo das reencarnações. Já o ego é uma pequena parte de nossa psique, caracterizada pela "ausência" dos valores essenciais, oportunizando o surgimento de sentimentos egoicos como orgulho, vaidade, egoísmo, ódio etc. Particularmente, eu definiria o ego, na leitura transpessoal, como a parte do "terreno psíquico" não cultivada, abandonada ou desconhecida, que dá origem às "ervas daninhas" do egoísmo, as quais naturalmente surgem quando não há os cuidados do lavrador.

Objetivando resistir à mudança e ser iluminado pela consciência, o ego tem mecanismos de defesa?

Na tentativa de fugir do contato com o Ser Profundo, que naturalmente "impõe" renovação e compromisso com a verdade interior, o ego desenvolve resistências, defesas, máscaras, a fim de sobreviver... Essas máscaras aparentam valores positivos, mas não trazem harmonia nem plenitude, por não permitirem que o indivíduo receba as energias que emanam do Ser Profundo quando ocorre a conexão ego-consciência (ou ego-*self*), servindo apenas para camuflar o sofrimento da personalidade em desalinho emocional.

Poderia nos apresentar os mecanismos de defesa do ego?

Os mecanismos de defesa do ego foram elaborados pela psicanálise, mas até hoje prosseguem sendo valorizados e reconhecidos por várias vertentes da psicologia. Explico aqui cada um deles:

a) **Compensação** – Mecanismo de defesa por meio do qual se busca camuflar um comportamento negativo, substituindo-o, consciente ou inconscientemente, por um que pareça positivo, reprimindo as suas limitações pessoais, que podem ser reais ou imaginárias. Esse mecanismo é caracterizado por manifestações exageradas, que dão a ilusão de serem positivas.

O mecanismo de compensação tenta desviar a atenção dos outros das limitações (físicas ou morais) pela exacerbação de uma característica que é socialmente aceita e, muitas vezes, até exigida pela sociedade como um comportamento verdadeiramente adequado. No entanto, como esse comportamento é fundamentado na repressão de sentimentos egoicos, o que surge é apenas uma "máscara"; não é aquele o comportamento desejado. Exemplos de compensação podem ser: puritanismo, fanatismo, martírio, vitimização, perfeccionismo e euforia.

Sempre que um indivíduo adota posturas exageradas, ele está camuflando desejos inconscientes opostos. Nesse mecanismo, o ego mascara os desejos, ignorando o desequilíbrio, que fica bloqueado no inconsciente. Todo conflito recalcado, porém, não permanece mascarado por muito tempo; mais cedo ou mais tarde, aflora gerando distúrbios mais graves.

O ideal, portanto, é que a pessoa aceite seus sentimentos egoicos, trabalhando pelo seu desenvolvimento interior por meio de posturas e ações que, ao invés de mascará-los, venham a transformá-los com a amorosidade.

b) **Projeção** – Também chamada de transferência, é um mecanismo de defesa que faz o indivíduo interpretar pensamentos, sentimentos e atitudes de outras pessoas segundo suas próprias tendências. O ego reprime os seus conflitos, projetando-os nos outros e no mundo externo, fugindo do contato com os próprios defeitos e da responsabilidade por eles. A pessoa vê no outro aquilo de que não gosta em si mesma e o combate tenazmente, pois gostaria de ocultá-lo.

Uma das formas mais clássicas desse mecanismo de fuga do ego é quando se culpa alguém pelas próprias atitudes. Um exemplo de projeção pode ser o caso da mãe que não tem tempo para ajudar o filho no dever de casa e, por isso, culpa a professora pelo insucesso da criança na escola.

Para se libertar da projeção, o indivíduo precisa encarar os próprios erros e limitações, meditar sobre eles e trabalhar dedicadamente para superá-los.

c) **Racionalização** – É um processo pelo qual o indivíduo procura justificar atitudes equivocadas do passado, do presente ou que ainda irá tomar, não admitindo estar errado, embora sabendo conscientemente do contrário.

Como exemplos de racionalização podemos citar: 1) uma pessoa defende a prática da eutanásia em um parente terminal, alegando que é mais humano dar cabo àquela vida e evitar um sofrimento maior; na verdade, porém, ela não quer sacrificar seu tempo e sua vida para cuidar daquele enfermo; 2) um empregador justifica o baixo salário de determinado funcionário dizendo que ele é incompetente e nunca conseguiria outro emprego; no fundo, contudo, sabe que o funcionário merece ganhar mais.

Posturas como essas são uma autêntica falta de honestidade perante a vida e podem conduzir quem as adota à perda de todo o sentido existencial e do prazer de viver. Ninguém engana a vida nem dribla a lei de amor, justiça e caridade, pois na própria consciência está escrita a Lei de Deus, como esclarecem os Guias Espirituais da Humanidade na questão 621 de *O livro dos espíritos* (2008).

d) **Identificação** – Esse mecanismo, também chamado de introjeção, é caracterizado quando o indivíduo se identifica com valores observados em uma outra pessoa e que passam a ser vistos como sendo seus.

Normalmente, as pessoas se reconhecem em heróis ou ídolos, assumindo-lhes a forma, os trejeitos, a maneira de falar e de se comportar. São muitos os que copiam Elvis Presley, Che Guevara, Michael Jackson, Roberto Carlos, entre outros, sem falar naqueles que se identificam com personagens fictícios de novelas, vivendo uma fuga da realidade perigosa, pois perdem o contato com a essência de suas almas. A identificação, portanto, é uma tentativa de substituir o "vazio interior" por modelos e ídolos reais ou fictícios.

Essa tentativa, porém, é totalmente inócua, pois esse vazio só pode ser preenchido quando o indivíduo contata a sua realidade interior, identificando-se com a essência de si mesmo, harmonizando-se emocionalmente, por meio do autoconhecimento, e vivenciando em plenitude a lei do amor.

e) **Deslocamento** – Esse mecanismo ocorre quando se desloca um sentimento negativo de uma pessoa ou situação para outra. Exemplos de deslocamento podem ser os casos de maridos que enfrentam problemas no trabalho e, ao chegar em casa, descontam a densa carga emocional na esposa, nos filhos e até em objetos.

Procurar acalmar os pensamentos e as emoções, harmonizar a alma fazendo uma oração e/ou meditação, desidentificando-se da mente turbilhonada – a mente hipercinética –, certamente ajudará a alinhar as emoções.

f) **Negação** – Esse mecanismo ocorre quando o indivíduo nega a existência daquilo que não quer mudar ou enfrentar, recusa-se a reconhecer o que não deseja ver: os malefícios do alcoolismo e do tabagismo, ou então os erros dos filhos, por exemplo. A negação mais comum em nossa cultura é a morte, assunto sobre o qual não há o costume de se falar, porém que, mais cedo ou mais tarde, terá de ser enfrentado.

Toda negação dessa natureza é um afastamento da realidade e, quanto mais estivermos distantes da realidade, menos saúde mental e espiritual teremos.

***

Na abordagem transpessoal, os mecanismos de defesa do ego devem ser paulatinamente higienizados de nossa personalidade ao aceitarmos sentimentos egoicos que ainda nos caracterizam; aí sim, realizaremos sua transmutação por meio de ações permeadas pelos sentimentos de amor que fluem da consciência profunda que somos, ao longo de nosso processo de despertamento interior.

CAPÍTULO 22

TIPOS DE "COMPENSAÇÃO"

Poderia nos apresentar mais detalhadamente os principais tipos de compensação que vivenciamos?

O mecanismo de compensação está fundamentado em uma espécie de repressão de sentimentos egoicos não trabalhados, dando origem a verdadeiras "máscaras psicológicas" que tentam camuflar a realidade do indivíduo na convivência social.

Existem seis tipos de compensação, sobre os quais falarei a seguir.

a) **Puritanismo** – Os puritanos cobram de si mesmos e dos demais uma pureza que na verdade não têm. Normalmente dão uma ênfase muito acentuada às questões sexuais, apresentando essas manifestações naturais do ser humano como algo sujo, impuro, pecaminoso. Para eles, é muito fácil acusar os outros. Todo esse comportamento é um tipo de compensação por desejos sexuais reprimidos e vontade de obter gozos promíscuos que, consciente ou inconscientemente, eles se recusam a aceitar.

Aceitar o prazer sexual, dentro dos padrões do equilíbrio e da amorosidade, como algo divino, como uma dádiva de Deus, com sentimento de gratidão, é a grande chave para transmutar essa postura desequilibrada. O sexo com amor é bênção divina a serviço de nossa sensibilização e harmonização energético-espiritual.

Certa feita, indagaram a Chico Xavier se sexo antes do casamento é certo ou errado... E o querido apóstolo do amor asseverou com ternura: "Sem amor, nem antes nem depois do casamento!". Eu diria o mesmo em relação ao sexo em todos os seus aspectos: sem amor, nada pode nos fazer bem; com amor, sexo é vida!

Aos interessados em aprofundar o conhecimento sobre a temática sexualidade e espiritualidade, recomendo a leitura de meu livro *Energia sexual e plenitude*.

b) **Fanatismo** – A característica da pessoa fanática é seu apego exagerado a um ideal ou a uma causa. O fanático parece alguém muito dedicado e empenhado em servir à religião ou a uma causa que abraçou, mas, em profundidade, esse devotamento é apenas o resultado de uma grande insegurança interior a respeito daquilo que ele "acredita", mas não sabe. E, em uma vã tentativa de convencer a si mesmo sobre o que acredita, pode agredir aqueles que pensam e creem de forma diferente, expressando uma postura nitidamente insegura e de fragilidade emocional.

Isso não significa, porém, que todo idealista dedicado a uma causa seja um fanático. Em personalidades como Francisco de Assis, Mahatma Gandhi, Madre Teresa, Chico Xavier, Bezerra de Menezes, Isabel Salomão, Divaldo Franco, entre outras, vemos seres totalmente entregues ao ideal do bem, mas com profundo equilíbrio e harmonia íntima, sem a ninguém agredir ou impor seus pontos de vista.

No campo religioso, após leituras, palestras, estudos e reflexões sobre a espiritualidade, em uma abordagem eminentemente racional, o indivíduo desenvolve a lucidez, o discernimento e o bom senso, acessando as fontes tranquilas da consciência profunda, estabilizando as emoções e superando as amarras do fanatismo.

c) **Martírio** – Aquele que se coloca na posição de mártir procura o tempo todo ser visto como "bonzinho", diz sim para tudo, tenta agradar a todos e carece de pessoas a quem possa "ajudar". É carismático, generoso, sempre disposto a socorrer e amparar o seu semelhante, mas, em uma visão profunda, é alguém buscando compensar seus sentimentos inferiores, os quais tenta disfarçar objetivando ser querido e aceito socialmente.

A bondade real não pode ser uma máscara para receber o aplauso social, e sim o esforço sincero no burilamento das arestas morais, transmutando os sentimentos egoístas e o desenvolvimento do sentimento de amorosidade, da prática da justiça e da caridade.

d) **Vitimização** – O indivíduo que se faz de vítima carrega um sentimento de autopiedade muito grande, colocando-se sempre como coitado perante os demais, carente de auxílio. Na verdade, a culpa e a autopunição o fazem crer que é "indigno do amor", por isso sua busca incessante por atenção.

O antídoto contra toda forma de "coitadismo" e vitimização é ter a consciência de que todos somos filhos de Deus, espíritos imortais, que trazemos na intimidade da alma, em estado germinal, inúmeras potencialidades divinas. É reconhecer que as circunstâncias difíceis que enfrentamos na Terra constituem estímulos pedagógicos a serviço do desenvolvimento dessas potências da alma, sobretudo quando compreendemos que somos apenas "aprendizes" e que certos erros fazem parte do processo evolutivo. O problema é grave apenas quando nos acomodamos em posturas moralmente inferiores.

e) **Perfeccionismo** – O perfeccionista, para quem o erro é inaceitável, cobra perfeição de si mesmo e de todos ao seu derredor. Martiriza-se quando algo não sai como esperava, porém não compreende que ainda é um aprendiz, não tem uma visão dilatada da realidade da vida: de que a Terra é como uma escola abençoada, na qual todos estamos matriculados para o nosso desenvolvimento intelecto-moral; sendo assim, o erro é elemento natural no processo de aprendizagem.

Aceitar-se como um aprendiz, abrindo-se sinceramente para as profundas lições que a vida continuamente a todos oferece, é o medicamento eficaz para a cura dessa postura infeliz. E, nesse caminho de autoiluminação sem automartírio, paulatinamente se descobre – como dito na música "O que é, o que é?", de Gonzaguinha – "a beleza de ser um eterno aprendiz".

Na base do perfeccionismo estão o orgulho e a vaidade, a necessidade de receber o aplauso do mundo, e não o ideal de autoaperfeiçoamento que promana da consciência profunda e deve ser trabalhado com esforço e dedicação, sem automartírio.

f) **Euforia** – Para mascarar os sentimentos de tristeza ou depressão, muitas vezes as pessoas se ocultam atrás de uma máscara de euforia, normalmente se utilizando de recursos como álcool, drogas, festas extravagantes e sexo em desalinho. Uma vez cessado o efeito que essas fugas proporcionam, percebem-se ainda mais deprimidas e angustiadas, até surgir uma nova oportunidade para realizarem as mesmas práticas infelizes, fugindo de si mesmas.

A alegria real que emana da consciência profunda somente pode ser alcançada pela vivência cotidiana da lei de amor, justiça e caridade em todos os departamentos da vida individual e coletiva.

CAPÍTULO 23

ZEN-BUDISMO, IOGA, TRADIÇÃO HINDU, PSICOLOGIA TRANSPESSOAL E ESPIRITISMO

Há elementos no zen-budismo, na ioga e na tradição hindu que se assemelham aos conceitos da psicologia transpessoal e do Espiritismo?

Nos conceitos budistas de *self menor* – com enfoque nas limitações do indivíduo – e de *grande self* – as potencialidades infinitas e positivas do ser –, encontramos sucessiva e explicitamente os conceitos de ego e consciência da abordagem transpessoal.

Quanto à prática iogue, o seu objetivo fundamental é a união do *self individual* com o *espírito cósmico*, uma verdadeira síntese da proposta transpessoal que busca colocar o ego sob a coordenação da consciência, em um processo de integração contínua. A tradição hindu, por sua vez, assim como o paradigma transpessoal e o Espiritismo, contempla a realidade do espírito imortal, da consciência e do carma.

Podemos concluir com tranquilidade que o Espiritismo reúne em si os valores profundos da alma presentes em todas as escolas psicológicas e espiritualistas da Terra, ofertando aos homens, pelas vias da razão, as sublimes diretrizes para o despertar e a evolução espiritual do ser.

Poderia dizer algo mais sobre a evolução consciencial humana dentro do paradigma psicológico transpessoal e dos postulados espíritas?

Na abordagem da psicologia espírita ou transpessoal – não vejo nenhuma impropriedade em definir essa psicologia assim –, a humanidade evolui da inconsciência para a consciência. Todos surgimos "simples e ignorantes", como mônadas espirituais inconscientes, e transitamos pelos reinos da natureza material e extrafísica rumo à plenitude consciencial, à angelitude.

O estágio de inconsciência é metaforicamente denominado *consciência de sono*, que se divide em consciência de sono sem sonhos (total inconsciência dos próprios processos mentais; o ser age sem perceber o pensamento que o fez agir) e consciência de sono com sonhos (o ser começa a perceber alguns pensamentos que o induzem às atitudes; surge, nesse estágio, o gérmen da vontade, a volição).

No estágio de consciência desperta, o ser assume as rédeas dos pensamentos e emoções, descobre a finalidade de sua existência – a plenitude – e trabalha dedicadamente para alcançá-la.

A consciência cósmica é a comunhão com o divino por meio da plenitude do conhecimento e da amorosidade. O Filho Pródigo retorna aos braços do Pai, porém totalmente consciente.

Quando exatamente começa esse despertar espiritual ou consciencial?

Quando a consciência consegue observar o funcionamento da mente – pensamentos, desejos e emoções –, percebendo-se independente dela, desidentificando-se dela. É o princípio da verdadeira libertação espiritual... A partir daí, o indivíduo vai deixando paulatinamente de ser dominado pela mente-consciente e também pela mente-inconsciente.

Como o inconsciente interfere em nossa vida presente?

Como já vimos, o inconsciente é um departamento da psique em que estão guardadas, em um nível profundo e de difícil acesso, todas as experiências do espírito imortal, da vida atual ou de vidas passadas. Trata-se de uma espécie de "porão da mente". Embora essas experiências pretéritas estejam arquivadas em um nível profundo da mente, normalmente afloram de forma subjetiva no nível consciente, interferindo no comportamento e na vontade do indivíduo, como tendências, habilidades, hábitos, emoções, fobias, tensões, transtornos neuróticos, vícios e virtudes.

Esclarece o Dr. Jorge Andréa, em seu livro *Psicologia espírita* (1986):

A explicação para as distonias mentais (neuroses e outras manifestações) pode ser encontrada em traumas diversos, inclusive na infância; porém, comumente, seriam organizações destoantes na zona inconsciente ou espiritual, adquiridas em vivência ou vivências pretéritas. A explicação encontra-se nas leis de ação-reação, onde os fatos vividos (no caso, os de caráter destoante ou negativo) são incorporados na intimidade da energética psíquica.

Poderia sintetizar a proposta terapêutica para essas distonias mentais?

Sim. A proposta terapêutica é a seguinte:

a) Identificação da problemática psíquica (terapia, quando necessário);
b) Medicação (quando necessário);
c) Prática de laborterapia;
d) Estruturação ou qualificação da rotina diária;
e) Orientação para uma conduta moral sadia;
f) Promoção de pensamentos e emoções positivos;
g) Prática de leitura edificante;
h) Prática de meditação;
i) Vivência espiritual superior;
j) O caminho do silêncio.

Caminho do silêncio?

Sim. O próximo capítulo está dedicado a esse tópico.

CAPÍTULO 24

O CAMINHO DO SILÊNCIO

Existe um caminho para nos plenificarmos mais da vida, para sentirmos melhor a vida que nos rodeia?

Sim. O caminho do silêncio!

Nossa essência mais profunda é plena de calma, de silêncio... Quando perdemos a conexão com essa calma interior, ficamos perdidos na mente, no turbilhão dos pensamentos e emoções, dos conceitos e rótulos. A mente hipercinética conduz o indivíduo a diversos transtornos emocionais porque elimina o silêncio interior.

Não somos nosso nome, sobrenome, nossos papéis familiares, títulos, cargos... Somos espíritos ocupando funções provisórias na sociedade, determinadas pela Pedagogia Divina a favor de nossa evolução, de nosso despertar. Buscar o silêncio é acessar essa verdade não apenas pelo campo cognitivo (saber), mas, sobretudo, pelo campo consciencial (sentir).

Muitas pessoas possuem diversas informações espirituais – já leram toda a Codificação Espírita e outras obras subsidiárias –, mas isso não significa que sintam e vivam a real espiritualidade. O saber é apenas o primeiro degrau. Necessário, imprescindível, mas é apenas o primeiro... É preciso sentir (segundo degrau) para viver (terceiro degrau).

Sentir é um nível mais profundo. Saber é da mente, sentir é da consciência. Não podemos acessar esse nível profundo sem a "disciplina do silêncio".

Disciplina do silêncio?

Sim. O silêncio é uma forma de disciplina... Talvez a mais importante de todas.

Certa feita, assisti na televisão a uma entrevista singular com filhos do notável médium de materialização Francisco Peixoto Lins (Peixotinho). Todos eles lembraram com grande ênfase que o nobre medianeiro, por meio do qual tantas entidades nobres se materializavam no plano físico, no dia destinado às reuniões de ectoplasmia, solicitava a todos em casa que cultivassem mais disciplinadamente o silêncio, que falassem mais baixo, não discutissem, evitassem inclusive bater portas e janelas, porque essa disciplina colaborava para o êxito da grave tarefa com os espíritos na reunião da noite. Observemos que interessante!

Pelo visto, o silêncio preparava o psiquismo e as energias de Peixotinho para o nobre exercício de sua mediunidade de efeitos físicos.

Mas em que consiste exatamente o caminho do silêncio?

O caminho do silêncio, inicialmente, é aprender a "ouvir" o silêncio exterior a fim de paulatinamente acessar e estabelecer o silêncio interior – o estado de não mente –, em que habitam a calma e a plenitude.

Durante vinte anos de minha atual reencarnação, atuei como professor junto a muitos jovens. Foi uma experiência muito rica, fiz muitos amigos, aprendi demais, mas não foi nada fácil! Dois elementos eram profundamente desafiadores para mim: o desinteresse de diversos alunos e o barulho das salas de aula. Trabalhar com turmas de 35 a 40 alunos é um verdadeiro risco à saúde mental e emocional dos professores, mas o sistema educacional em geral parece nunca ter se preocupado com isso.

Para me harmonizar psiquicamente naquele complexo contexto do magistério, além da prática diária da oração, na hora do intervalo, eu buscava um gramado situado em frente à escola para *sentir o silêncio das árvores* que compunham bucólica e graciosamente o espaço. Isso mesmo! Eu sentia o silêncio das árvores... Não era loucura, era estratégia para não ficar louco! Ali, naquele gramado da escola, eu penetrava no silêncio do reino vegetal, acalmava meus pensamentos e emoções, e experimentava uma profunda calma, um singular estado de paz.

Proponho a você que me lê, portanto, aprender também a repousar sua atenção sobre os habitantes do reino vegetal: uma flor, uma árvore... E também do reino mineral! Precisamos aprender o que é calma com a natureza!

Próximo a Espera Feliz (MG), cidade onde moro, há um município que visito sempre para me reabastecer energeticamente junto às suas belas montanhas, repletas de pedras gigantescas! Chama-se Pedra Dourada. Lá há pedras muito grandes, extraordinárias! Algumas montanhas são apenas feitas de pedras... É perfeito o silêncio das montanhas, do reino mineral! Tenho um carinho muito especial por essa localidade. Em Espera Feliz também há lindas e verdejantes montanhas, mas busco sempre nos finais de semana sair um pouco de minha cidade para quebrar a rotina, olhar outros cenários e paisagens. Isso ajuda a descansar os olhos e a mente.

Os bons espíritos se utilizam das energias da natureza para nos ajudar, harmonizar nossa saúde, promover nossa revitalização, quando fazemos por onde, quando buscamos o concurso do Alto.

Deus está presente na mãe natureza e pode ser sentido por meio do silêncio por detrás das formas. Quando penetramos no silêncio das coisas, unificamo-nos a elas. Sentimos, então, a unidade. Sentir essa unificação é sentir o amor.

CAPÍTULO 25

SILÊNCIO POR DETRÁS DO BARULHO

Somente é possível acessar o silêncio interior estando em lugares silenciosos? Como fazer se vivemos mergulhados em uma sociedade extremamente barulhenta – hipercinética –, com tantos estímulos sonoros? Devemos voltar à vida no campo?

Não é voltar à vida no campo. Com a prática meditativa, aos poucos, é possível sentir o silêncio interior mesmo em contextos barulhentos. Para isso, é preciso começar a perceber, por exemplo, o silêncio entre as frases durante uma conversa, o intervalo entre os próprios pensamentos, entre inspirar e expirar o ar que nos alimenta. Observar que, quando inspiramos, a mente desacelera, os pensamentos param automaticamente.

Observar o silêncio entre palavras e frases é uma forma de paulatinamente perceber o silêncio escondido por detrás de todo barulho. Na verdade, entramos em conexão com o "espaço vazio" no qual todo barulho acontece. É desse vazio que vêm a calma e a paz... É também desse espaço vazio que brotam a criatividade e a solução para tantos dos nossos problemas. Albert Einstein dizia que muitas vezes pensava, pensava e não conseguia equacionar determinados problemas, mas, ao silenciar, ao acalmar a mente, a resposta emergia do mais íntimo do seu ser.

A sabedoria verdadeira emana do silêncio do eu profundo, no qual, segundo os espíritos superiores, está escrita a Lei de Deus.

Dentro de todos nós há um lugar sagrado onde habita o silêncio! É o espaço da consciência pura, nossa realidade mais profunda. Precisamos acessar esse recinto secreto para perceber todas as realidades da vida com mais calma e quietude, com muito mais discernimento.

A reforma íntima ou renovação moral, por meio do autoconhecimento, é o caminho que nos conduz a esse despertar consciencial: o Grande Silêncio interior, que se desvela e nos livra dos condicionamentos mentais, dos padrões conceituais que repetimos, às vezes, ao longo de várias reencarnações.

O que fazer de prático, inicialmente, diante dos tantos pensamentos que, como uma grande nuvem negra, acompanham a maioria dos seres humanos mergulhados na mente hipercinética?

O primeiro passo a ser aprendido é não levar os nossos pensamentos a sério. A mente humana tem uma imensa facilidade de confundir pensamentos com realidade, conceitos ou pontos de vista com verdade. É preciso compreender que pensamento é diferente de realidade ou verdade. Essa chave é muito importante para a nossa libertação interior.

A mente é uma importante ferramenta em nossa vida quando bem dirigida pela consciência, mas pode se tornar uma "máquina desgovernada" profundamente limitadora ou até dominadora.

Viver dominado pelos pensamentos – e, como já foi dito, a maior parte da humanidade terrena vive assim – equivale a viver dentro de sonhos ilusórios.

Há sinais de inconsciência no planeta que causam verdadeiro espanto! Em determinado país oriental há uma "cantora virtual" que possui multidões de fãs, conta no *Instagram* e tudo... A pergunta é: O que eles idolatram? O que eles amam? Amam?! Uma cantora de mentira que não sente, não pensa, não vive? O público "adulto" se emociona, vibra quando ela aparece no palco... Nitidamente, é o domínio da mente sobre a consciência. A mente diz que existe porque crê no que vê; nem tudo o que vemos ou pensamos, porém, é real.

Há também parques virtuais com tecnologias avançadíssimas, onde os visitantes travam "contato" com inúmeros animais que surgem de lugares como piscinas ou de dentro do gelo. As pessoas se maravilham, se emocionam, mas nada disso é real. Eu, particularmente, prefiro acarinhar um cãozinho vira-lata na rua de minha cidade a ver gigantescas e lindas baleias de mentira saltando sobre minha cabeça, ou ursos-polares virtuais correndo à minha volta.

Estamos perdendo o contato com o Grande Ser que habita todos os seres, dominados pela aparência das coisas e distanciados das essências dos seres! Muita tecnologia, muito emocionalismo, e nenhuma afetividade, nenhum amor, porque não se pode amar o que não existe! É realmente preocupante.

A humanidade parece cheia de tecnologias e vazia de sentimento, de afetividade, de amorosidade. Na atualidade, jovens e adultos passam a maior parte do tempo dominados pelas redes sociais, assistindo a vídeos e vendo fotos de pessoas que mal conhecem, que não fazem parte de seu mundo real. Enquanto isso, quantos avós esperam por um pouco de carinho e atenção de seus netos? Quantos pais recebem respostas monossilábicas de seus filhos dominados pelos celulares?

Como espírita, tenho me perguntado se esses povos, muito desenvolvidos tecnologicamente e pouco afetivos ou pouco evoluídos moralmente – *é óbvio que há felizes exceções em todas as coletividades* –, não serão os futuros exilados da Terra no processo de regeneração planetária, juntamente (é claro) com os tantos corruptos da política internacional e principalmente brasileira, que envergonham e afetam a nação que é o *coração do mundo e a pátria do Evangelho*...

Certa feita, estando com o querido médium Divaldo Franco na cidade de Vitória (ES), em conversa muito rápida enquanto eu o presentava com um de meus livros, ouvi do nobre benfeitor da humanidade: "Precisamos trabalhar porque o mal está vencendo na Terra!". Nunca me esqueci dessa fala enfática e ao mesmo tempo estimulante que apenas parecia repetir aos ouvidos da minha alma, com outras palavras, a lição iluminada dos Guias da Humanidade a Allan Kardec, na questão 932 de *O livro dos espíritos* (2008).

Nela, indagou o codificador: "Por que, no mundo, tão amiúde, a influência dos maus sobrepuja a dos bons?". Resposta: "Por fraqueza destes. Os maus são intrigantes e audaciosos, os bons são tímidos. Quando estes o quiserem, preponderarão".

CAPÍTULO 26

UMA HUMANIDADE ENTEDIADA?

Percebemos que grande parte da humanidade apresenta, na atualidade, um elevado nível de insatisfação e tédio. Poderia nos falar algo mais sobre a origem desse estado emocional e espiritual?

Já vimos que a mente hipercinética, com muitos processos psíquicos ao mesmo tempo, será sempre fonte de grande insatisfação, ansiedade e tédio. A presença do tédio significa que a mente está em um ritmo acelerado desejando mais e mais estímulos, ou seja, está "viciada em pensar", não consegue aquietar, silenciar e fazer uma conexão mais profunda com a vida que pulsa à sua volta.

O indivíduo entediado está em busca do que fazer, sob o domínio da mente insatisfeita e sedenta de mais "alimento". Nesse estado, uns recorrerão à geladeira, mesmo sem fome física, para saciar a fome da mente; outros buscarão afoitamente lojas, os *shopping centers*, para comprar tudo aquilo de que não necessitam. É a mente dominando o ser. Ainda existem aqueles outros que, em estado mais grave de adoecimento emocional e espiritual, recorrerão à sexolatria ou às drogas para tentar pacificar o turbilhão mental que dá origem à insatisfação e ao tédio.

Mas o que fazer diante do tédio?

Primeiramente, é preciso aceitá-lo! Isso mesmo, não se assuste, é preciso aceitá-lo. Procurar senti-lo em sua profundidade, em sua raiz, e principalmente OBSERVÁ-LO.

Procure observar a ansiedade, sentir a energia dela no corpo. Quando se aprende a observar esse estado, aos poucos, o corpo se acalma e é invadido pela paz. Abre-se um espaço vazio dentro da mente e uma brisa de calma começa a nos visitar, porque a consciência está observando o estado "aflitivo" da mente. Isso significa que está ocorrendo um processo de *desidentificação* da consciência em relação à mente. O eu profundo assume, então, o comando do eu mental.

O que é exatamente o tédio?

O tédio é um movimento de energia condicionada dentro do indivíduo, provocado pela sua própria aceleração mental. É a mente ou o pensamento dominando o ser; a criação (a mente) dominando a sua criadora (a consciência).

Segundo o escritor espiritualista Eckhart Tolle (1997), o próximo passo na evolução humana é transcender o pensamento. Ele afirma: "Isso não significa que não devemos mais pensar, mas simplesmente que não devemos nos identificar com o pensamento nem ser dominados por ele".

Seria correto dizer, então, que não somos a raiva, a tristeza, a insatisfação e o medo que sentimos? Somos o ser por detrás dessas emoções?

Perfeitamente. Todas essas emoções são energias condicionadas provenientes de pensamentos equivocados. Não são o eu real ou essencial, mas eus mentais, pequenos eus que podem dominar temporariamente a personalidade humana.

Realmente carecemos muito de estudar nossa geografia interior. Parece que ainda não conhecemos o mapa de nossa alma.

De fato. No último capítulo deste livro, apresentarei uma espécie de *mapeamento interior* que elaborei e expus em minha obra *Liberte-se da sua mente – Do vazio à plenitude* (2017). Trata-se de uma codificação do mundo interno, fundamentada em conceitos psicanalíticos, transpessoais e espíritas, que muito pode ajudar na compreensão dos mecanismos subjetivos da vida psíquica.

CAPÍTULO 27

UMA NOVA CIVILIZAÇÃO

Transcender os pensamentos é alcançar um estado de paz profunda? É possível viver isso na Terra? Esse estado não é apenas para os espíritos superiores?

Realmente apenas os espíritos que alcançaram significativa evolução espiritual conseguem viver a plenitude da paz. No entanto, todos estamos a caminho dessa condição e podemos começar a construir essa paz almejada dentro de nós por meio de nossa constante renovação moral.

À medida que o indivíduo inicia sua transformação moral para melhor, por meio do autoconhecimento, começa também a experimentar momentos de paz, de plenitude, de "consciência sem pensamentos", que podem ocorrer em situações como:

a) durante uma atividade manual;
b) ao contemplar um jardim florido;
c) ao caminhar pela rua;
d) ao assistir a uma apresentação artística;

e) ao aguardar o embarque em uma rodoviária;
f) durante uma conversa, sem questionar mentalmente o que o interlocutor está falando.

O despertar espiritual vai se apresentando lentamente, permeando a vida de tranquilidade, serenidade e beleza. O indivíduo passa a se sentir integrado à vida, às coisas mais simples que compõem a existência.

Podemos dizer que a humanidade terrena como um todo também está despertando espiritualmente? Estamos no fim do mundo ou no fim de um ciclo planetário? Há forças inferiores tentando impedir esse despertar?

Realmente o planeta está despertando. Estamos, indubitavelmente, às portas de um novo tempo. As religiões literalistas proclamam o "fim do mundo", mas o que ocorre é o fim de "um mundo", de um ciclo ou estágio espiritual da humanidade.

Estamos em um período de transição planetária em que, paulatinamente, a Terra deixará o estágio de "provas e expiações" e adentrará um tempo de "regeneração", segundo as terminologias espíritas. Nesse período, caracterizado por extremo desequilíbrio moral na sociedade, encontram-se reencarnados no plano físico espíritos muito rebeldes que, possivelmente, estão tendo a última oportunidade de se renovar e prosseguir reencarnando em nosso planeta. Caso não consigam, a Espiritualidade Superior informa que serão exilados da Terra e terão que renascer em outros orbes, onde lidarão com realidades ambientais e sociais mais primitivas e muito difíceis, a fim de se desenvolverem ostensivamente nos aspectos morais e afetivos.

Estamos informados de que um fenômeno similar já ocorreu em um passado muito remoto, quando espíritos renitentes no mal, de outro contexto planetário – *os capelinos* (avançados intelectualmente, mas ainda dominados pelo ego, pelo orgulho) –, foram trazidos pelos Dirigentes Planetários para reencarnar na Terra, dando origem no plano da matéria às raças adâmicas, constituídas pelo grupo dos árias, pela civilização do Egito, pelo povo de Israel e pelas castas da Índia.

No presente momento, a humanidade terrestre vivencia também essa situação de "separar o joio do trigo", por meio da qual somente poderão prosseguir reencarnando e evoluindo no planeta azul os espíritos propensos ao bem. É um período denso, complexo, em que luz e trevas duelam. A Terra tem de avançar, mas as forças das sombras não desejam a renovação. Contudo, não se pode deter a madrugada... Missionários do bem, em todos os setores e departamentos da sociedade, trabalham dedicadamente a fim de alavancar o progresso moral e consciencial da humanidade. A grande proposta é a renovação interior, a elevação moral dos seres humanos. Homens e mulheres de bem e todas as instituições sociais são convidados a trabalhar por uma sociedade mais fraterna, amorosa, consciente, responsável.

O *Apocalipse* de João, presente na Bíblia, quase 2 mil anos antes, já anunciava para o porvir "um novo céu e uma nova terra" (Ap 21,1). O novo céu é a nova consciência, espiritualizada e amorosa, que aos poucos se instala no planeta. A nova Terra será a harmoniosa estrutura social, construída a partir desse despertamento espiritual coletivo.

Que possamos, convocados pelos clarins que anunciam esse novo tempo, arregaçar as mangas e trabalhar com dedicação e alegria em nossa transformação interior para melhor, colaborando também para a grande renovação espiritual da civilização humana.

Poderia especificar algumas caraterísticas e alicerces dessa nova civilização que se estabelecerá ao longo do terceiro milênio na Terra?

Sim. Alguns alicerces e características que podemos mencionar são:

a) O materialismo finalmente terá seu fim. Uma visão espiritualista e transpessoal da vida predominará no planeta.
b) Uma moral superior regerá todas as relações humanas. A proposta central do *Evangelho do Cristo* finalmente iluminará a humanidade. A Terra passará à categoria de *mundo de regeneração* no conserto dos mundos.

c) A fraternidade entre os homens superará todos os tipos de violência e guerra.
d) Haverá o fim da corrupção na política mundial.
e) O convívio aberto com irmãos mais evoluídos de outros planetas poderá se concretizar, oportunizando aprendizados significativos, sem anular evidentemente nossos esforços pessoais na área do conhecimento, do desenvolvimento científico e tecnológico.
f) Será selada a aliança entre a ciência e a religião, conforme já anunciada pelo codificador do Espiritismo, Allan Kardec, em seu livro *A gênese – Os milagres e as predições segundo o Espiritismo* (2003).
g) As diferenças e os diferentes serão respeitados, principalmente no que diz respeito à religiosidade e à sexualidade. Paradoxalmente, segundo a Organização das Nações Unidas (ONU), 70% das guerras no mundo tiveram como pano de fundo questões religiosas.
h) A consciência da imortalidade e da lei de causa e efeito tornará os indivíduos psicologicamente mais maduros e responsáveis, apresentando maior domínio sobre o universo mental e emocional diante das dificuldades existenciais. A consciência regerá pensamentos e emoções.
i) Todos os tipos de vício entre os humanos diminuirão substancialmente.
j) A prática infeliz do suicídio pelas criaturas humanas chegará ao fim.

k) Haverá maior respeito e cuidado com a mãe Terra. Uma consciência ecológica regerá a relação dos seres humanos com todos os reinos da natureza.
l) As classes sociais entrarão em equilíbrio econômico, e a miséria material será eliminada do planeta.
m) A humanidade deixará paulatinamente a *normose* (patologia da normalidade), abandonando certas práticas ou posturas obsoletas nos esportes, nas artes e no entretenimento, adotando de forma mais ostensiva atividades elevadas e sublimadas, como a leitura edificante, a meditação, o estudo contínuo da espiritualidade, a dedicação à filantropia, a evolução de todas as artes (a música se elevará substancialmente), o cuidado com o meio ambiente e a saúde do corpo e da alma.
n) O paradigma transpessoal no processo da educação humana será estabelecido. Teremos uma educação que contemple todas as dimensões da criatura humana: física, energética, emocional, mental e espiritual.
o) A medicina e as psicoterapias adotarão plenamente o paradigma transpessoal.
p) Teremos uma humanidade menos barulhenta. O avanço tecnológico possibilitará muito especificamente um trânsito mais silencioso. O *caminho do silêncio*, muito especialmente da

meditação, será uma experiência presente na vida dos humanos como ferramenta de cura e harmonização integral.

Isso tudo não é muito utópico? Parece surreal...

Temos quase mil anos pela frente para a concretização de tudo isso, embora careçamos de algumas mudanças mais emergenciais. E já existem seres humanos que vivem plenamente esse paradigma. Isso significa que não é impossível à espécie humana alcançá-lo.

Se Deus está no imo de cada ser, é inevitável que a vitória do bem aconteça mais cedo ou mais tarde. Há muita luta pela frente, mas nada é maior que a Grande Lei, que o Grande Ser.

Deus habita em todo ser?

Kardec (2008) disse:

> Deus dorme nos minerais,
> sente nos vegetais,
> sonha nos animais,
> desperta nos seres humanos
> e regozija-se de si mesmo no sábio, no iluminado.

CAPÍTULO 28

UMA MORALIDADADE SUPERIOR

Há espiritualistas que acreditam serem as "regras morais", especialmente as estabelecidas pelas religiões, uma proposta ultrapassada. Poderia dizer algo a respeito?

Não é bem assim. Em realidade, diretrizes morais constituem um caminho necessário para que acessemos a paz e a plenitude.

Em uma sociedade em que a maioria das pessoas ainda se encontra dominada pelo egoísmo e suas múltiplas manifestações, as regras se fazem necessárias a fim de manter um equilíbrio nas relações humanas. A civilização humana ruiria se não existissem diretrizes morais bem estabelecidas a serem seguidas.

No entanto, sabemos que o ser, à medida que desperta, já não necessita de regras externas, de imposições dogmáticas. O ser desperto é caracterizado pela vivência da amorosidade e do respeito, sem a necessidade de regras engessadas, dogmas impostos ou determinações de fora para dentro. Ele já é portador de uma moralidade superior! Ele já transitou da *heteronomia* (a lei que vem de fora) para a *autonomia* (a lei que vem da consciência).

O ser desperto não vive segundo convenções sociais. Não é condicionado pelo sistema nem escravo de normas "religiosas". O despertar da consciência é caracterizado pela presença do amor que emana do imo do ser, portanto o ser desperto vive naturalmente o amor, não sendo capaz de ferir ninguém.

Regras engessadas, dogmas impostos, determinações de fora para dentro apenas atendem aos seres que ainda se encontram sob o domínio dos pensamentos e das emoções em desalinho, podendo, portanto, agredir ou prejudicar seus irmãos em humanidade.

O ser desperto vive em estado de graça, e todas as suas ações estão em sintonia natural com a lei de justiça, amor e caridade – a Lei de Deus. Os seres despertos não são fora da lei, mas integrados à Grande Lei. Almas como Chico Xavier, Madre Teresa de Calcutá, Irmã Dulce, Mahatma Gandhi, Eckhart Tolle, entre outras, não necessitam de regras morais, leis ou dogmas para viver, porque são expressões do próprio amor. Suas ações são apenas extensões do amor que sentem, da Lei Divina que já trazem no coração.

Não estou aqui afirmando – enfatizo – que não haverá mais leis. A Lei Divina sempre estará presente em todo o Universo, em todas as relações. Falo aqui de leis ou dogmas humanos, do ego. O ser desperto vive a Lei Divina plenamente.

Viver em estado de Presença, desperto, é viver em sintonia com o bem, dominando plenamente a mente e seus desalinhos. Nesse estado o ser é dono de si, domina suas emoções e pensamentos; pode possuir dinheiro, bens materiais, poder, *status*, prestígio, beleza física, sem nunca se deixar dominar por quaisquer dessas expressões transitórias do mundo material.

Sobre essa questão, também escreveu o notável escritor espírita José Herculano Pires (1964):

> Os conceitos humanos variam segundo o nível das consciências. Quanto mais elas se elevam, aproximam-se dos arquétipos da espécie, mais se distanciam das normas sociais que decorrem de costumes e tradições.

Viver em estado de presença é "andar em espírito" (ver Gl 5,16, por exemplo) ou viver na "graça" – conforme nos fala o apóstolo Paulo em suas epístolas –, suplantando todas a limitações do ego ancestral, produto de nossa animalidade. É a consolidação da vitória do espírito sobre a matéria.

Antes do despertar, o espírito serve à matéria; depois do despertar, ele se serve da matéria para evoluir e colaborar no desenvolvimento consciencial do planeta.

CAPÍTULO 29

VICIADOS EM INFELICIDADE

Na visão budista, o ego, também chamado por alguns estudiosos de "eu autocentrado" – denominado por você de "mente personificada" ou "eu mental" –, parece ter uma necessidade intrínseca de se opor, de resistir, de brigar... Gosta sempre de estar em conflito com alguém, com alguma instituição ou causa, ou até alguma ideia. Quais as consequências dessa postura mental na vida emocional dos seres humanos?

A insatisfação e a infelicidade. A infelicidade não provém necessariamente dos fatos e das circunstâncias existenciais, mas de nossa postura mental resistente ou conflituosa diante deles.

Todo mundo deseja paz e harmonia, mas o ego ou "eu mental" – *identificação da consciência com a mente* – não suporta esses estados. A natureza dele é inquieta, insatisfeita; a instalação da paz é a sua morte. Essa é a razão de muita gente querer ser feliz, mas não conseguir; querer a paz, mas viver a guerra. Foi exatamente isso que manifestou o apóstolo Paulo ao dizer: "O bem que eu quero fazer eu não faço, o mal que eu não quero eu ainda faço" (Rm 7,19).

De certa forma, os seres humanos estão viciados em conflitos e infelicidade. Trata-se do domínio substancial da mente sobre o eu profundo.

Mas o que fazer para vencer a "inquietude do eu mental" – a mente hipercinética – e acessar a paz do eu profundo?

Primeiramente, focar no momento presente. A mente se alimenta de passado; o eu mental se alimenta de sua identidade transitória na Terra, está sempre brigando por alguma coisa relacionada com a sua identidade, com algo que ameace seu poder, suas posses, seus títulos, sua fama, seu prestígio social, ou seja, suas ilusões.

Por meio do autoconhecimento, da autopercepção, a mente vai sendo diluída aos poucos pela luz da consciência. No caminho da plenitude, alguns falam da "morte do ego"; outros, de sua integração à consciência... O que importa é fazer despertar o eu profundo, a fim de dominarmos pensamentos e emoções, de transcendermos o eu mental ou transitório na edificação do eu perene e imortal. O caminho para isso é o da reforma íntima, cujas diretrizes básicas são três: autodescobrimento, renovação moral e prática do bem.

Prática do bem? Você está falando da prática da caridade? Fazer o bem desperta nossa consciência?

Fazer o bem desperta a consciência que somos. Quando praticamos o bem, vamos potencializando a lâmpada da consciência interior. Cada gesto de amor, de ternura, de ajuda, cada ação caridosa e fraterna faz brilhar a nossa luz, como propôs o Mestre de Nazaré.

No entanto, desejo enfatizar mais uma vez aqui que não basta a caridade de hora marcada, aquele momento específico na semana ou no mês em que mecanicamente damos uma esmola, uma cesta básica, um prato de sopa. Isso é caridade também, muito importante quando feita com amor, mas é apenas uma faceta da caridade real e plena que, como os espíritos superiores disseram ao professor Allan Kardec na questão 886 de *O livro dos espíritos* (2008), é "benevolência para com todos, indulgência com as imperfeições alheias e perdão das ofensas".

Existe alguma ferramenta ou orientação bastante prática para realizarmos melhor esse processo de despertamento da consciência, percebendo e gerenciando a mente e seus conflitos?

Sim. Focarmos no momento presente.

Aceite o momento presente em sua vida, seja ele bom ou ruim. Sinta-o, perceba-o... Isso aquietará o turbilhão mental que conduz sempre à insatisfação.

Aceitar o presente mesmo se ele for ruim?

Exatamente. Aceitar aqui não tem a conotação de paralisia ou passividade. Aceitar no sentido de percebê-lo, senti-lo, para depois buscar formas conscientes de transformá-lo.

Normalmente, diante dos problemas, entramos no emocional. Em vez de buscarmos quietude para enxergarmos melhor os fatos, perdemo-nos nas emoções desalinhadas, no desespero.

O Espírito Emmanuel esclarece-nos, por meio de Chico Xavier (2016): "Deus não faz sintonia com o desespero".

Digo sempre a meus clientes: há momentos na vida, complexos e difíceis, em que devemos procurar ser como um médico cirurgião operando o coração de uma criancinha de 2 anos. Se ele entrar no emocional, a criança morre. Ele sabe que ela pode desencarnar, mesmo se fizer tudo corretamente, mas o que importa é realizar sua tarefa, fazer a sua parte da melhor forma possível, para tentar salvar a vida física da criança.

Há situações em que temos a impressão de que tudo está ruindo, dando errado, o mundo parece desabar sobre nossa cabeça. O que importa, porém, é como nos colocamos diante dos fatos, se buscamos a serenidade, a confiança em Deus, se procuramos pacificar nossas emoções para nos ajudarmos e ajudarmos os outros.

Normalmente, somos seres complicados e complicamos a nossa vida e a daqueles que vivem conosco.

Diante de um problema, mergulhamos nas emoções desalinhadas, nos desesperamos ou nos revoltamos, ficando mais distantes da resolução. Somos dominados pelas circunstâncias em vez de assumirmos as rédeas do emocional diante do contexto difícil.

Alguma orientação a mais para que consigamos focar no agora, sentindo o momento presente?

Sim. Procuremos sentir o corpo, a energia que circula por ele. Foquemos mais especialmente nas mãos, pois isso ajuda a desacelerar o turbilhão dos pensamentos. O corpo é um excelente portal para o agora!

Sentir o agora é perceber que realmente somos muito mais que pensamentos e emoções. Entre um pensamento e outro está o ser, o ser que somos, não a mente que temos.

Quem eu sou não é a minha história de vida, o meu passado, a minha biografia?

Não. As histórias passadas, nesta ou em outras reencarnações, não são o que somos em realidade. Tudo que passou, o passado, é apenas material pedagógico a serviço de nossa evolução espiritual. Já podemos ter sido pedreiros, médicos, garis, jardineiros, físicos, músicos, dançarinos, poetas... mas todas essas experiências apenas serviram para amealharmos sabedoria e amorosidade, sensibilidade e lucidez.

Carregar o passado em detrimento do momento presente equivale a espremer o suco de uma laranja no chão e carregar o bagaço pelo caminho! O que nos interessa é o suco, a essência!

Não foi por outro motivo que o benfeitor Emmanuel, por meio de Xavier (2016), também asseverou: "Um homem feliz não tem história...".

CAPÍTULO 30

O SILÊNCIO DE JESUS

Encerrando nossos estudos sobre a mente e a alma, poderia tecer alguma consideração a respeito de algum aspecto da vida de Jesus à luz da psicologia espírita?

A Espiritualidade Superior, na questão 625 de *O livro dos espíritos* (2008), apresenta Jesus como o modelo moral mais perfeito a ser seguido pela humanidade. Ele é a personalidade mais biografada do planeta até hoje, dividindo a História entre antes e depois dele. Nenhuma presença gerou uma revolução tão profunda nos valores e no pensamento da Terra, por isso estudiosos de todos os matizes têm procurado compreendê-lo mais de perto. Educadores, cientistas, médicos e psicólogos cada vez mais se debruçam sobre seus ensinamentos e suas atitudes tentando decodificar sua vida luminosa.

A respeito dele escreveu Carl Gustav Jung (1961): “Um dos exemplos mais brilhantes da vida e do sentido de uma personalidade, como a história no-lo conservou, constitui a vida do Cristo”.

Lamentável é perceber que muitas teologias acabaram afastando Jesus dos homens, trancafiando-o em uma "mitologia celeste". O Filho de Deus foi transformado no próprio Pai para que seus exemplos sublimes jamais fossem seguidos pelos homens falíveis... Se Jesus é Deus, ninguém precisa se preocupar em viver como ele viveu, porque ninguém é Deus. O Espiritismo, contudo, o trouxe de volta "vivo", descrucificado, na condição de uma pessoa iluminada, um Irmão Mais Velho, Caminho para a Verdade e a Vida.

A benfeitora espiritual Joanna de Ângelis, por meio da psicografia de Divaldo Franco, no livro *Jesus e o Evangelho à luz da psicologia profunda* (2014), assevera:

> Jesus viveu a Sua humanidade com singular elevação, suportando fome, dor, abandono e morte sem impacientar-se, submisso e confiante, ultrapassando todas as barreiras então conhecidas a respeito das resistências humanas.

Se seus exemplos e suas palavras tocam e transformam até hoje as criaturas humanas, o seu silêncio também tem o mesmo poder transcendente...

Diante da Jerusalém indiferente à Luz que descia do Céu, Ele em silêncio chorou. Perante os homens que objetivavam apedrejar publicamente a mulher pega em adultério, ouvindo ambos os lados, Ele agachou e em silêncio escreveu na areia os pecados dos acusadores. Diante da inconsciência de Pilatos, que indagava o que era a Verdade, ele somente deu a resposta do silêncio. Perante a negação de Pedro, ele apenas o olhou em silêncio, o que foi suficiente para conduzir o apóstolo ao terreno da consciência, percebendo a própria covardia moral. Mais tarde, diante da morte, o líder do colegiado apostólico corajosamente apenas solicitaria ser crucificado de cabeça para baixo, dizendo não ser digno de morrer como o seu Mestre. A lição havia sido aprendida! Diante das terríveis agressões sofridas e do deboche aviltante da soldadesca romana, Jesus também permaneceu em profundo silêncio.

O silêncio de Jesus revela, sobretudo, sua confiança irrestrita no Pai, o pleno conhecimento da Lei Divina, já desperta no âmago do seu iluminado coração. Expressa também humildade, compaixão, amor...

Ele não buscou se defender das acusações, apenas confiou. Seu silêncio já era profundamente eloquente! Ele sabia que ninguém poderia fugir da própria consciência, por isso silenciou para que o seu gesto acionasse a "voz interior" dos seus algozes.

Jesus é o "Filho do Homem" – resultado da evolução humana –, a personificação do amor, da sabedoria e da paz! É o Filho unificado ao Pai, a plena conexão ego-*self*, o ser totalmente realizado em todas as suas múltiplas dimensões. Foi, portanto, apresentado pelos espíritos superiores a Allan Kardec como o ser mais perfeito oferecido por Deus à humanidade terrestre, seu modelo e guia. Não mais um mito religioso, distante e inacessível, mas um modelo superior de evolução integral.

Os judeus aguardavam um líder que os libertasse do domínio romano; veio, porém, um homem que trouxe a libertação para todas as criaturas humanas pelas vias do amor e da sabedoria.

Segundo Mark Baker, em seu livro *Jesus, o maior psicólogo que já existiu* (2001),

> Jesus abordava as pessoas com técnicas psicológicas que estamos apenas começando a entender. Em vez de mostrar-se superior, dando palestras eruditas baseadas no seu conhecimento teológico, ele humildemente dizia o que queria através de simples estórias.

Mestre por excelência, educou-nos com palavras, exemplos e também com seu silêncio... No silêncio de Jesus estava a poderosa presença da voz de Deus.

Muitas vezes, somente o silêncio consegue se fazer ouvir pelas almas renitentes no mal. Os grandes testemunhos também são realizados no silêncio da alma. As grandes renúncias são feitas no mais profundo silêncio do coração. No silêncio da mente ocorre a ostensiva manifestação do Criador na criatura humana; desse silêncio nascem o amor e a sabedoria.

"Deus habita no silêncio!", asseveraram os sábios orientais. Quando verbaliza, a criatura fala ao Criador; quando silencia, o Criador fala à criatura.

O silêncio de Jesus prossegue até hoje, convidando-nos às reflexões mais profundas sobre o que estamos, de fato, fazendo de nós mesmos nas diversas circunstâncias que a vida na Terra nos apresenta.

***

Gostaria de encerrar este trabalho com as palavras luminosas do espírito Meimei, pela mediunidade de Chico Xavier (2016):

> O SILÊNCIO AJUDA SEMPRE:
> Quando ouvimos palavras infelizes.
> Quando alguém está irritado.
> Quando a ignorância nos acusa.
> Quando o orgulho nos humilha.
> Quando a vaidade nos provoca.
> O silêncio é a gentileza do perdão
> que se cala e espera o tempo.

CAPÍTULO 31

GEOGRAFIA DA ALMA

A verdadeira espiritualidade não pode ser um amontoado intelectual de "conceitos engessados" sobre imortalidade, reencarnação, lei de causa e efeito, mediunidade ou geografia das dimensões espirituais. Deve ser, sobretudo uma investigação profunda da própria realidade interior da alma humana.

Temos encontrado muitos espíritas e espiritualistas profundamente apegados a dogmas e conceituações doutrinárias – verdadeiros "doutores da lei" –, distanciados, porém, da compreensão de si mesmos, de suas emoções e sentimentos mais profundos.

Conhecem, mas não sentem.

Estudam, porém não vivenciam.

Possuem muitas informações na cabeça, e quase nenhuma transformação no imo do coração...

Vejamos o significado de alguns desses termos que nos ajudarão na investigação da geografia da alma. Esclareço, no entanto, que nas conceituações dessa cartografia ou mapeamento interior que faço a seguir, o termo "consciência" não possui o mesmo valor semântico apresentado pela teoria psicanalítica de Sigmund Freud. Já os conceitos de "inconsciente" e de "pulsão" são os mesmos definidos pelo nobre neurologista e criador da psicanálise.

TERMOS REFERENTES AO MAPEAMENTO INTERIOR

a) **Consciência** – O eu profundo ou real, o Ser Essencial, fulcro criador da mente (falso eu). A "consciência ótima", apresentada pela psicologia transpessoal. O Cristo interno das doutrinas esotéricas. A essência do espírito imortal, em que está escrita a Lei de Deus, conforme revelado na questão 621 de *O livro dos espíritos* (2008). A consciência vive no presente, no "eterno agora".

b) **Mente** – Departamento da alma humana que tem origem na consciência, dividido entre fenômenos conscientes e inconscientes, segundo os estudos do psiquiatra suíço Carl Gustav Jung. Deve ser dirigida pela consciência, mas também pode dominá-la. A mente é uma espécie de repositório das experiências (memórias) do espírito ao longo das reencarnações; alimenta-se de lembranças do passado e de conjecturas em relação ao futuro. De forma mais simplificada, é o conjunto de pensamentos e emoções que movimenta a vida psíquica do ser.

c) **Mente personificada**[3] – Quando a consciência (eu profundo) se identifica com a mente (eu superficial), dá origem ao que denomino de *mente personificada*: o conjunto de pensamentos e emoções condicionados e recorrentes, dominando o comportamento dos seres humanos que com ele se identificam. É a identificação do criador (Consciência) com a criação (mente), como se a mente se tornasse uma segunda individualidade psíquica (uma outra pessoa), dominando parcial ou totalmente o comportamento do indivíduo. No budismo, a mente personificada é denominada ego. A personificação da mente é uma consequência natural da manutenção dos processos perniciosos da mente hipercinética.

d) **Desidentificação** – Momento em que a consciência consegue observar o funcionamento da mente – pensamentos e emoções –, percebendo-se independente dela. É o princípio da libertação consciencial ou do despertar espiritual.

e) **Inconsciente** – Departamento da mente ou da psique em que estão guardadas, em um nível

---

3. Cunhei a expressão "mente personificada" para evitar confusão de conceitos, já que há diferentes conceituações para o termo ego apresentadas pelas escolas psicológicas, esotéricas e budistas.

profundo e de difícil acesso, todas as experiências do espírito imortal, da vida atual ou de vidas passadas. É uma espécie de "porão da mente". Embora essas experiências pretéritas estejam arquivadas em um nível profundo da mente, normalmente afloram de forma subjetiva no nível consciente, interferindo no comportamento e na vontade do ser humano, como tendências, habilidades, hábitos, emoções, fobias, tensões, transtornos, vícios e virtudes.

f) **Pensamento**[4] – Matéria sutil emitida pelo perispírito (corpo sutil da alma) para veicular as ideias ou sentimentos gerados pelo princípio inteligente (espírito ou consciência).

g) **Emoção** – Constitui o efeito automático do pensamento sobre o corpo físico. É a reação instintiva no universo interior do indivíduo. Quando os pensamentos – mesmo os pessimistas – estão sob a regência da consciência desperta, não geram "emoções negativas" nem somatizações; se os pensamentos dominam o ser, originam verdadeiras energias condicionadas ou emoções de difícil domínio. Os animais são seres eminentemente emocionais, mas não têm sentimentos. Exemplos de emoções podem ser: medo, raiva, nojo, surpresa, alegria, satisfação.

---

4. Os pensamentos elevados são leves, etéricos e higienizantes, promovendo a harmonização e a renovação estrutural do perispírito.

h) **Sentimento** – Disposição da consciência ou propósito consciente de uma pessoa para com outra. Os sentimentos são "ações" decorrentes de uma decisão interior e consciente do indivíduo, para além das sensações físicas. Somente os seres humanos têm sentimentos, que são uma espécie de "evolução" das emoções. Podemos dizer que sentimentos são emoções conscientizadas. Alguns exemplos de sentimentos são: amor, compaixão, ódio, rancor.
i) **Somatização** – São sintomas físicos que não possuem origem orgânica nem caracterizam um quadro clínico específico para a medicina. Esses sintomas têm sua gênese em pensamentos disfuncionais e em emoções fortes que abalam o sistema psíquico. Quando esse processo envolve sentimentos negativos profundos, como o ódio ou o ressentimento, ocorre uma espécie de "densificação da mente" (ou cronificação do estado de mente personificada), inibindo a manifestação da consciência (o Ser Essencial) e podendo gerar um bombardeio energético das células do corpo, produzindo doenças físicas como câncer, artrite reumatoide, lúpus sistêmico, entre outras; ou um desequilíbrio psíquico, gerando adoecimentos mentais como a síndrome do pânico e a depressão.
j) **Pulsão** – Impulso criativo da alma cuja energia é constituída pela libido, ou energia sexual.

É a força energética interna que direciona o comportamento do indivíduo. Para Freud, trata-se da representação psíquica de uma fonte endossomática de estimulações que fluem continuamente no ser.

k) **Iluminação** – Momento em que a consciência assume plenamente o domínio da mente, dos pensamentos e emoções, quando tudo se torna consciente. Não há mais elementos do inconsciente interferindo no plano consciente. Sinônimo de plenitude, individuação, salvação, libertação, consciência cósmica, fim do sofrimento.

REFERÊNCIAS BIBLIOGRÁFICAS

ANDRÉA, Jorge. *Psicologia espírita*. Rio de Janeiro: Fon-fon e Seleta, 1986.

BAKER, Mark. *Jesus, o maior psicólogo que já existiu*. Rio de Janeiro: Sextante, 2001.

CANHOTO, Américo Marques. *Estresse crônico – Perigo à vista*. Santo André: EBM, 2014.

CASSORLA, Roosevelt M. S. *O que é suicídio*. São Paulo: Brasiliense, 1984.

CERQUEIRA FILHO, Alírio de. *Saúde espiritual*. Santo André: EBM, 2008.

______. *Cura espiritual da depressão*. Catanduva: Boa Nova, XXXX.

CHOPRA, Deepak M. D. *O caminho da cura – Despertando a sabedoria interior*. São Paulo: Rocco, 1999.

CREMA, Roberto. *Antigos e novos terapeutas – Abordagem transdisciplinar em terapia*. Petrópolis: Vozes, 2002.

CURY, Augusto. *Ansiedade – Como enfrentar o mal do século*. São Paulo: Saraiva, 2015.

FRANCO, Divaldo (pelo espírito Joanna de Ângelis). *Despertar do espírito*. Curitiba: FEP, 2014.

______. *Jesus e o Evangelho à luz da psicologia profunda*. Curitiba: FEP, 2014.

______. *Refletindo a alma – A psicologia de Joanna de Ângelis*. Salvador: LEAL, 2014. (Núcleo de Estudos Psicológicos Joanna de Ângelis.)

______ (pelo espírito Manoel Philomeno de Miranda). *Transição planetária*. Santa Luzia: Chico Xavier, 2014.

IANDOLI JR., Décio. *Fisiologia transdimensional*. Catanduva: Boa Nova, 2001.

JUNG, Carl Gustav. *A energia psíquica*. Petrópolis: Vozes, 2002.

______. *Memórias, sonhos, reflexões*. Rio de Janeiro: Nova Fronteira, 1961.

______. *Os arquétipos e o inconsciente coletivo*. Petrópolis: Vozes, 2011.

______. *Psicologia do inconsciente*. Petrópolis: Vozes, 1984.

______. *Psicologia e alquimia*. Petrópolis: Vozes, 2012.

KARDEC, Allan. *A Gênese – Os milagres e as predições segundo o espiritismo*. Araras: IDE, 2003.

______. *O Evangelho segundo o espiritismo*. Araras: IDE, 2008.

______. *O livro dos espíritos*. Araras: IDE, 2008.

KUHN, Thomas S. A estrutura das revoluções científicas. São Paulo: Perspectiva, 2006.

LAO-TZU. *Tao Te King*. São Paulo: Pensamento, 1984.

MASLOW, Abraham. *Introdução à psicologia do ser*. Rio de Janeiro: Eldorado, 1962.

MARIAS, Julián. *História da filosofia*. São Paulo: Martins Fontes, 2004.

MOREIRA, Andrei. *Cura e autocura – Uma visão médico-espírita*. Belo Horizonte: Ame, 2012.

______. *Reconciliação – Consigo mesmo, com a família, com Deus*. Belo Horizonte: Ame, 2015.

NOVAES, Adenáuer. *Alquimia do amor – Depressão, cura e espiritualidade*. Salvador: FLH, 2004.

PIRES, José Herculano. *O espiritismo e o tempo*. São Paulo: Pensamento, 1964.

SOBRINHO, Rossano. *Energia sexual e plenitude*.

______. *Fé e razão – Descobrindo o sentido da vida*. Santa Luzia: Chico Xavier, 2014.

______. *Liberte-se da sua mente – Do vazio à plenitude*. Catanduva: Boa Nova: 2017.

SOBRINHO, Rossélio. *Encontrando Deus – Para a saúde do corpo e da alma*. Santa Luzia: Chico Xavier, 2013.

SOUZA, Roberto Lúcio Vieira de.; ALBUQUERQUE, Alcione Reis (por espíritos diversos). *O homem sadio – Uma nova visão*. Belo Horizonte: Fonte Viva, 2011.

TOLLE, Eckhart. *O poder do agora – Um guia para a iluminação espiritual*. Rio de Janeiro: Sextante, 2000.

______. *O poder do silêncio*. Rio de Janeiro: Sextante, 2016.

______. *Praticando o poder do agora*. Rio de Janeiro: Sextante, 2001.

______. *Um novo mundo – O despertar de uma nova consciência.* Rio de Janeiro: Sextante, 2007.

XAVIER, Francisco Cândido (pelo espírito Andé Luiz). *Missionários da luz.* Brasília, DF: FEB, 2013.

______ (pelo espírito Emmanuel). *O consolador.* Brasília, DF: FEB, 2016.

VAUGHAN, Frances; WALSH, Roger N. *Além do ego.* São Paulo: Cultrix, 1997.

SOBRE O AUTOR

Rossano Sobrinho é terapeuta e psicopedagogo com formação transpessoal pelo Instituto Brasileiro de Plenitude Humana (IBPH), expositor espírita, colunista da TV Mundo Maior e autor de 20 livros sobre saúde, educação e espiritualidade. Tem realizado palestras e seminários em diversas cidades brasileiras e concedido entrevistas a programas de rádio e tevê, divulgando a Doutrina Espírita.

É idealizador dos Grupos Fraternos de Espiritualidade (GFEs), por intermédio do livro *Renovando corações – O poder do afeto na Casa Espírita* (2018), e está vinculado à Sociedade Espírita Paz, Amor e Caridade de Espera Feliz, em Minas Gerais, onde coordena o Grupo de Estudo do Evangelho e o Grupo Fraterno de Espiritualidade (GFE – Chico Xavier).

Rossano é diretor do Instituto Terapêutico e Educacional Rossano Sobrinho (ITERS), em Espera Feliz, onde atende como psicopedagogo transpessoal. Às terças-feiras, apresenta o quadro "Liberte-se da sua mente" no programa *Manhã Boa Nova*, da TV Mundo Maior.

Os principais livros do autor são: *Fé e razão – Descobrindo o sentido da vida* (2009); *Encontros com a vida – Aprendendo a curar o corpo, a alma e o coração!* (2011); *O mensageiro da regeneração* (2011); *O poder de cura da energia sexual* (2013); *A arte de amar-se* (2014); *Liberte-se da sua mente – Do vazio à plenitude* (2017); *Renovando corações – O poder do afeto na Casa Espírita* (2018); e *Saia do controle: um roteiro para a saúde da mente, da alma e das relações* (2019).

Leia também:

William Sanches apresenta neste livro um método real para alcançar seus sonhos. Apesar do título sugestivo, é preciso entender que o seu amor é você mesmo. Logo, ele promete trazer à tona o seu verdadeiro eu. Segundo o autor:

“Somos como um lago. Quando se atira uma pedra lá no meio, formam ondas que se espalham e chegam até a borda. Nossa mente é assim só que numa proporção de oceano, com ondas gigantescas. Sua crença sobre você, o que acredita ser, como acredita ser, a forma com que se trata, chega antes a qualquer lugar.”

A partir de técnicas elaboradas de psicologia aplicada, o autor afirma ser possível melhorar a autoestima, saber o que quer e delimitar suas metas. Só então será possível apaixonar-se por alguém e ter sucesso em qualquer tipo de relacionamento.Ame-se a si mesmo antes de tudo e, em 21 dias, ou menos, será realmente possível obter sucesso em qualquer tipo de relacionamento.

Eu seu novo livro, o autor best-seller e referência quando o assunto é espiritualidade, José Carlos de Lucca compara a nossa vida a um grande jardim. É necessário cuidar, regá-lo e alimentá-lo com coisas boas. Assim como falou Thich Nhat Hanh, a dedicação deve ser constante e diária.

Com uma prosa poética tocante e belas palavras características, o autor trata de temas como a resiliência, o amor ao próximo, a paciência, compaixão, paz, e o bem viver, sempre com ricas metáforas para pensar, sentir e agir na construção do jardim da nossa vida.

"Se regarmos todos os dias a semente do inferno que existe em nós, será esta a realidade que viveremos 24 horas por dia. Mas se regarmos diariamente a semente do Reino de Deus que existe em nós, o Reino de Deus se tornará a realidade que viveremos em cada momento." - Thich Nhat Hanh

Este livro foi composto em Adobe Garamond Pro e Bliss Pro
e impresso pela Gráfica Santa Marta para a
Editora Planeta do Brasil em junho de 2019.